# 重庆文化研究 辛丑春

Chongqing Cultural Research ｜ 蔡武 题

**《重庆文化研究》出版工作小组**

| | |
|---|---|
| **主　任** | 刘　旗 |
| **副主任** | 朱　茂 |
| **主　编** | 刘建国　谭光龙　王发荣　刘德奉 |
| | 谭小兵　刘春泉 |
| **执行主编** | 刘德奉 |
| **编辑部主任** | 黄剑武 |
| **编　委** | 黄剑武　王美木　周津菁　魏　锦 |
| | 邹俊星 |

重庆市文化和旅游研究院　编

西南师范大学出版社
国家一级出版社　全国百佳图书出版单位

图书在版编目(CIP)数据

重庆文化研究. 辛丑春 / 重庆市文化和旅游研究院
编. — 重庆 : 西南师范大学出版社, 2021.5
ISBN 978-7-5697-0851-6

Ⅰ.①重… Ⅱ.①重… Ⅲ.①地方文化—研究—重庆
—2021 Ⅳ.①K297.19

中国版本图书馆CIP数据核字(2021)第075424号

# 重庆文化研究·辛丑春

CHONGQING WENHUA YANJIU　XIN-CHOU CHUN

重庆市文化和旅游研究院　编

责任编辑:秦　俭　王传佳
责任校对:杜珍辉
书籍设计:杨　涵
排　　版:瞿　勤
出版发行:西南师范大学出版社
　　　　　地址:重庆市北碚区天生路2号
　　　　　邮编:400715
　　　　　市场营销部电话:023-68868624
经　　销:新华书店
印　　刷:重庆紫石东南印务有限公司
幅面尺寸:210 mm×285 mm
印　　张:8.5
插　　页:12
字　　数:240千字
版　　次:2021年5月　第1版
印　　次:2021年5月　第1次印刷
书　　号:ISBN 978-7-5697-0851-6
定　　价:35.00元

# 坚持科学性需要大勇气

本书"政策研究"部分有一篇文章——《文化和旅游融合发展必须坚持科学性》。文章从对文化和旅游的基本认识、当前文化和旅游融合发展的基本评价、科学推进文化和旅游融合发展的意义、文化和旅游融合发展必须坚持的原则等方面进行了系统讨论,并对科学推进文化和旅游发展提出了建议,具有重要的实践价值和指导意义。

文化和旅游融合发展是一个科学问题,必须坚持其科学性。

对于"科学"二字,大家都十分熟悉。对于坚持工作中的科学性,大家也不陌生。但是,工作中真的能做到科学性,或者接近科学性吗? 这是一个需要深入思考的问题。

坚持文化和旅游融合发展的科学性,首先必须认真学习习近平总书记关于文化发展、旅游发展、文化和旅游融合发展的一系列重要讲话精神,认真学习了解文化发展的基本规律、旅游发展的基本规律。只有充分认识和了解文化和旅游发展各自的特性、文化和旅游融合发展的基本要求,才能科学地将其融合在一起。否则,就有可能出现生硬融合、不融合、伤害性融合的现象。坚持文化和旅游融合发展的科学性,对于文化和旅游管理者尤其重要。

其次,还必须树立起坚持科学性的勇气。坚持科学性,就是要遵循文化、旅游发展规律,就是要尊重客观实际,就是要摒弃短期行为、经济思维、政绩思维。一般来讲,文化工作不是"显山露水"的工作,而是一种基础性、长远性的工作。而旅游恰恰相反,其对于经济发展具有巨大的推动作用,容易产生声名效应。对于文化和旅游管理者而言,他们可能更愿意抓旅游,因为抓旅游更容易出成果。这样的思想是不具有科学性的,是不利于文化和旅游融合发展的,所以,要纠正这样的思想。没有极大的勇气,是无法在文化和旅游融合发展工作中坚持科学性的。

坚持科学性,还必须坚持不懈地进行科学探索。文化和旅游融合发展,是近几年才出现的新的发展方向,人们在实践中提出了不少问题,遇到了不少困难,也总结出了不少经验。理论工作者们也在不断地进行探索,提出了不少方法和措施。但是,事物的发展总是无止境的,规律的探索也总是无

终结的,我们应该加大理论研究和实践的力度。实践者们要时常注意总结经验、反思问题、改进提高,理论研究者要多进行实地调研、全方位探讨,提出更多更好的办法。

总之,文化和旅游融合发展需要科学实践、科学探索,才能最终实现科学发展。

编者
2021 年 4 月 3 日

# 目　录

## 文化记忆

## 艺文空间

# 文化和旅游融合发展必须坚持科学性

刘德奉

（重庆市文化和旅游研究院）

党的十九大以来，随着文化和旅游部门的合署办公，一个新的意识——文化和旅游融合发展深入人心。特别是在文化和旅游部门、文化和旅游行业，文化和旅游融合发展已经成为一种重要的发展思维，并成为文化产业和旅游产业发展的一个重要的新方向。但是，由于这一新生发展理念形成的时间并不很长，在文化和旅游部门的主导下，如何更加有效地开展这一工作，还有待探索。对此，笔者就一些基本的问题，特别是结合现实中存在的问题，谈一点粗浅的看法。

## 一、文化和旅游融合发展的基本认识

文化和旅游融合发展是一种新的文化和旅游发展思维，是文化和旅游发展在新时代所产生的一种新动能，是推进文化和旅游发展的一种新导向，具有丰富的实践性，更具有丰富的科学性。这一新思维、新动能、新导向把握得好，对于推进文化和旅游发展能起到积极作用，否则，则会带来负面影响。

首先要弄清楚什么是文化，什么是旅游，什么是文化旅游，文化和旅游与文旅融合之间的关系。

文化，从广义上讲，是指人类在社会实践过程中创造的物质财富和精神财富的总和。从狭义上讲，是人类在社会实践过程中所创造的精神财富的总和。

旅游，是非定居者的旅行和暂时居留而引起的一种现象及关系的总和。或者说，是人类社会活动、经济活动、精神活动的一个组成部分。

文化和旅游之间是包容关系，旅游是文化的一个部分，是文化的衍生。

文化是一个国家、一个民族的灵魂。2020年9月22日，习近平在教育文化卫生体育领域专家代表座谈会上强调了文化的重要性，同时，也明确了文化和旅游的关系。

习近平总书记说："统筹推进'五位一体'总体布局、协调推进'四个全面'战略布局，文化是重要内容；推动高质量发展，文化是重要支点；满足人民日益增长的美好生活需要，文化是重要因素；战胜前进道路上各种风险挑战，文化是重要力量源泉。"这充分说明了文化的重要性和文化的价值、意义所在。在讲到文化产业时，习近平总书记强调，"文化产业和旅游产业密不可分"，要"推动文化和旅游融合发展"。

从工作职能的角度讲，文化产业和旅游产业是具有各自发展方向、遵从各自发展规律的两大板块。所以，文化和旅游中的这个"和"字十分关键，不能简略、忽略，或者取消。

"文化旅游"，是一个偏正词组，其主体是旅游，文化只是对旅游的修饰，说明旅游的文化特点，不具有主导性。文旅，是文化旅游的简称。

文化和旅游融合发展，就是通过文化内容、文化形式丰富旅游内涵。同时，又通过旅游载体彰显文化，让文化和旅游相得益彰，相互促进，共同发展，从而使人们在领略自然之美过程中感悟文化之美、陶冶心灵之美。

## 二、当前文化和旅游融合发展的基本评价

总体上来讲，目前的文化和旅游的融合发展，促进了旅游品质的提升，彰显了文化，为游客提供了丰富的精神产品。同时，也存在一定的盲目性。

### （一）取得了突出的成绩

一是丰富了旅游的内涵。狭义地讲，旅游是一种文化消费，旅游景区文化越丰富，越有独特性，景区便越有吸引力，越有观光价值。文化和旅游融合发展的政策导向，使政府高度重视文化和旅游融合，十分注重把文化融入旅游发展之中，各种文艺演出活动，各种文学艺术服务活动，各种公共图书馆、博物馆、科技馆服务，各种惠民文化等功能，都努力向景区靠近。景区主体也十分重视文化植入，深入挖掘文化内涵，充分利用文化资源，主动展示文化元素。旅游消费对文化的期待成为一种趋势，旅游的升温与文化的融入成正比，游客在旅游中得到充分的文化滋养。

二是彰显了特色文化。很多旅游景区深入挖掘当地文化资源，放大文化元素，使文化成为景区亮点。一些景区突出特色文化，从历史的角度、人文的角度、时尚的角度、科技的角度，进行主题化打造，系列化呈现，形成主题旅游。如秦文化、汉文化、唐文化、宋文化、民族文化、民俗文化、农耕文化、休闲文化、康养文化等，让游客在旅游中丰富了知识，升华了精神。

三是提升了地区形象。文化和旅游的融合，提升了旅游品质，彰显了地域文化、特色文化，更重要的是展示了地方形象，提高了地方的知名度和美誉度。地方形象的提升，既是一种文化传播，更是促进社会经济综合发展的新动力。地方形象的提升，增强了当地人民的自信心，促进了社会环境的改善，为当地带来了更多的人流、物流、经济流。

### （二）存在着一定的偏差

一是强制性融合。人们普遍认为，文化和旅游的融合，就是文化服务于旅游。有的地方政府、地方文化和旅游部门，倾向于把文化资源融入旅游中，却忽视了对文化和旅游发展各自规律的尊重，偏

离了文化发展方向,损害了人民享受文化的权益。如把高雅艺术院团的精力放到景区演出上,把艺术院团的舞台艺术发展偏离到旅游演艺上,把公共图书馆、博物馆资源放到人员流动极快的景区里等。

二是非理性融合。这个问题主要存在于景区主体、旅游项目投资者之中。其在没有认真调研、科学规划的情况下,盲目进行决策,融入生硬的文化,结果造成了文化与旅游景区格格不入的情况,不能让游客在游览的过程中产生对文化的兴趣,不能丰富游客的情感,不能提升游客的激情。如有的旅游演艺内容与景区无关、与地方文化无关,有的知名景区在景区附近生造与自身无关的景点,有的生搬与自身无关的世界名人、历史名人等。

三是浅层性融合。其指融入的文化既没有深度,也没有广度,单一而又平常;有的融入的文化过于大众化、浅显,缺少知识性、吸引力;有的抄袭融入,内容雷同,没有个性;有的道听途说,不经考证,错误融入。总之,对文化的融入缺少严谨性。

四是粗糙性融合。这主要体现在内容低俗等方面,编造一些低俗的世俗故事,如情爱的、神鬼的;呈现一些东拼西凑的文化,内容杂乱,缺少逻辑,不成系列;文化载体制作水平差。有的认为景区文化就是一个装点,民俗旅游、民族旅游、乡村旅游、民宿等就是要粗犷,不必细腻;有的不按文化规律、艺术规律制作,如粗制滥造一些没有艺术价值的雕塑等。

### 三、科学推进文化和旅游融合发展具有重大意义

科学把握文化和旅游融合发展是新时代文化和旅游融合发展的新要求,把握得好会促进文化和旅游共同发展、协调发展,把握得不好会给文化和旅游带来损失,甚至损害民族的魂、文化的根。

融合发展的文化和旅游,是弘扬中华文化的重要载体。中华文化延传至今,成为中华民族的精神支柱,成为影响世界发展的重要力量。中华文化的传播渠道非常多,传播载体非常丰富,传播形式也非常多元。通过旅游这个载体,把世界各地的游客请进来,使其在游览历史文化遗迹、欣赏山水自然风光、领略民俗风土人情的过程中,认识和了解中华文化,感知和体验中华文化,吸收和认同中华文化,这对于传播中华文化具有重大意义。对于全国人民来讲,他们可以通过旅游这个载体,感知历史文化的厚重、山水风光的美丽、民俗风情的多元。这对于增强人民的文化自信,激发其内生动力具有重大意义。各地的旅游载体虽然文化承载量有限,却对于弘扬中华文化具有不容忽视的重要意义。

文化和旅游的融合发展,是提升旅游品质的重要措施。文化是旅游的灵魂。党的十九届五中全会通过的《中共中央关于制定国民经济和社会发展第十四个五年规划和二〇三五年远景目标的建议》中提出的"建设一批富有文化底蕴的世界级旅游景区和度假区,打造一批文化特色鲜明的国家级旅游休闲城市和街区",充分说明了文化融入对于提升旅游品质具有重大意义。当前和今后一个时

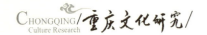

期,科学融入文化,科学发展旅游,是一项急迫而艰巨的任务。

文化和旅游的融合发展,是旅游消费需求的根本。旅游消费是当代人生活中的一项重要内容,旅游中的文化消费是旅游消费的根本和基础。文化和旅游融合发展,让游客"在领略自然之美中感悟文化之美、陶冶心灵之美"是旅游产品提供者的目标,也是游客旅游的初衷。科学推进文化和旅游融合发展,为游客提供既有文化含量,又有产品质量的旅游载体具有重大意义。

### 四、坚持文化和旅游融合发展的基本原则

必须坚持以文塑旅的原则。旅游的灵魂是文化,旅游的形象是文化,旅游的品质是文化。要高度重视旅游中的文化融入,必须在旅游中科学融入文化。坚决防止不切实际的乱融入。

必须坚持以旅彰文的原则。旅游是传播文化的有效载体,要积极在旅游中彰显地方文化、特色文化。文化的彰显要精良,提供的产品要精致。在基层文化和旅游发展中,要防止将旅游作为文化的唯一彰显渠道,忽视广大人民群众对文化的多样化需求。

必须坚持滋养人民精神的原则。旅游产品是重要的文化产品,旅游消费是重要的文化消费,文化产品是一个国家、一个民族重要的精神供给,文化消费是一个国家、一个民族重要的精神行为。要做到既能满足人民文化需求,又能增强人民精神力量。要坚决防止低俗文化、庸俗文化、媚俗文化。

必须坚持文化产品属性的原则。旅游产品是重要的文化产品。要坚持把社会效益放在首位、社会效益和经济效益相统一。既要防止只重经济效益,忽视社会效益的现象,又要防止只重社会效益,忽视经济效益的问题。

### 五、科学推进文化和旅游融合发展的几点建议

文化和旅游融合发展是一个复杂且综合性很强的事业和产业行为,在政府的引导下,由过去的自然融合,到现在的主动融合,需要采取一系列的措施。笔者这里只从宏观上提出一些想法。

一是要尊重两个规律,即要尊重文化发展规律、旅游发展规律。文化和旅游这两大板块各自具有不同的社会和经济形态。文化和旅游的融合发展,必须以尊重文化和旅游发展的各自规律为前提,即文化是人类、国家、民族的根和魂,文化工作解决的是大的问题。将文化融入旅游、服务于旅游,通过旅游彰显文化,这只是文化工作中的一小部分,绝对不能把文化工作的重心倾注到旅游上去,否则,就会既违背文化的发展规律,又损害人类、国家、民族的整体发展。从旅游来讲,为游客提供满意的旅游产品是其根本目的,借助于文化提升自己的品质,要借得科学,用得恰当,融得巧妙。要真正根据旅游者的需求,提炼自己的文化,不弄虚作假,不浮夸,不低俗,不违背良知。

二是要做到两个主动,即文化融入要主动、旅游吸纳要主动。其实,文化融入旅游自古有之,但是由政府倡导将文化融入旅游,则是近年来的事。文化和旅游融合发展,对于文化和旅游来讲,是互

相促进的。文化塑造了旅游,旅游彰显了文化。因此,在融合工作中,双方都要主动,都要从共同发展的愿望出发,积极作为。政府要主动指导推动文化和旅游融合,不能顾此失彼;旅游主体要主动吸纳文化,将文化融入进来;文化和旅游工作者要有融合意识,文化工作者要主动参与到文化和旅游融合发展的工作中去,旅游工作者更要有强烈的文化意识,主动引入文化,主动宣传文化。

三是要坚持两个精细,即文化呈现要精细、旅游呈现要精细。文化是旅游的灵魂,对文化要有敬仰之心,对文化的呈现要精细。对文化的研究要精深,要把文化内容的根脉搞清楚,呈现出来的文化要具有系统性、科学性,经得起专家学者、游客和时间的检验。对文化的吸纳要精准,要把文化的内容表达透彻,不要产生歧义,更不能有错误。文化产品的制作要精良,设计要有新意,特别是要纠正在民族文化、民俗文化的表达上以粗为美、以俗为荣的低层次思维。旅游整体的打造上要追求精品,特别是景区的品质、旅游的功能服务,都要做到精细化,以保证给游客提供一个愉快舒心的旅游环境。要防止只追求经济效益、只追求游客数量、只追求眼前利益的现象。习近平总书记说:"衡量文化产业发展质量和水平,最重要的不是看经济效益,而是看能不能提供更多既能满足人民文化需求,又能增强人民精神力量的文化产品。"这就是检验旅游品质的标准。

四是要取得两个效果,即文化滋养有效果、旅游滋养有效果。文化的作用是滋养人民的心灵,旅游的功能也是滋养人民的心灵,文化和旅游融合的根本目的,就是更好地滋养人民的心灵。习总书记说:"推动文化和旅游融合发展,让人们在领略自然之美中感悟文化之美、陶冶心灵之美。"我们在文化内容的选择上,就要展示积极向上的文化,就要体现出时代精神,就要予人以美感,就要针对受众进行多形式的呈现,让游客充分享受文化的浸润。对于旅游来说,就是要把丰富的知识、美好的场景、优质的服务奉献给游客。让游客在轻松愉快的旅游过程中,享受到场景的美好、世界的美好、人生的美好。

# 文化和旅游融合发展文献摘编

魏锦 *整理*

（重庆市文化和旅游研究院）

## 文旅融合的理论与实践

范周（中国传媒大学文化发展研究院院长）

### 一、文化和旅游的关系

文化和旅游天然联系紧密，正如已故著名经济学家于光远先生所言，"旅游不仅是一种经济生活，而且也是一种文化生活"，"旅游是文化性很强的经济事业，又是经济性很强的文化事业"。在政策推动和产业发展的作用下，文化和旅游的关系开始从疏转密。在加快新旧动能转换、推动经济高质量发展的背景下，文旅融合成为当前转型发展的新动能。

政策层面，文化旅游日趋融合。文化和旅游具有天然的耦合性，但在我国不同时期两者的关系不尽相同。1993年11月，国务院办公厅转发国家旅游局《关于积极发展国内旅游业的意见》，首次在国家层面的政府文件中提到旅游业的发展对满足人民群众文化需求、带动文化事业发展的重要意义。之后的政策文件中多有提到文化和旅游的互动关系及其在推动经济发展和产业转型升级中的作用。2009年，《关于促进文化与旅游结合发展的指导意见》中关于"文化是旅游的灵魂，旅游是文化的重要载体"的表述明确了文化和旅游的关系，影响至今。但文化产业和旅游业分管部门不同，很难真正从推进二者融合发展的角度制定和执行政策，因此，难以真正实现两者的融合发展。2018年4月8日，根据第十三届全国人大一次会议批准通过的《国务院机构改革方案》，文化和旅游部正式挂牌。机构上的重组赋予新部门新职能，从文化和旅游部独立出台以及联合出台的政策文件可以明显看出文化和旅游在产业培育和产业发展各个方面融合发展的趋势，"宜融则融、能融尽融、以文促旅、以旅彰文"正逐一得以体现。

产业层面，文化旅游互利共赢。随着经济和信息化的快速发展，产业融合成为一种新型发展趋势和经济现象。产业融合不仅能推动产业结构调整，提升产业核心竞争力及附加值，而且能为国民经济向高质量发展提供新动能。文化产业和旅游产业因其本质属性和特征具有天然的耦合关系。一方面,从本质属性上看,文化产业和旅游产业都是拥有经济、文化双重属性的综合性产业,二者融合发展有利于实现互动共赢;另一方面,文化和旅游是互补性产业。在稳增长、调结构、促改革、惠民生的新时代背景下,文旅融合发展能够带动文化和旅游产业转型升级,催生新兴产业,激发企业发展活力,满足人们多样化、个性化、高品质的文化消费需求。

## 二、文旅融合"融"什么

文旅融合要做到"宜融则融、能融尽融、以文促旅、以旅彰文"。文旅融合,具体要做到以下几点:

第一,以理念融合为基础。文化和旅游融合不是单纯地对文化资源进行旅游产业化的开发,也不是在旅游过程中添加一些简要的文化元素,更不是产业间的消融解构、此消彼长,文旅融合的基础是从理念和思维上树立融合发展的意识,明确文化和旅游融合不是简单的"拉郎配"。

第二,以职能融合为保障。文化和旅游部的组建是贯彻十九大精神、全面深化改革、推动国家治理体系和治理能力现代化的重要体现,致力于解决多年来文化主管部门和旅游主管部门在行政管理体制上多头管理、职责分散交叉等问题。文化和旅游部的组建只是职能融合的开始,应在理顺管理机构体制机制的基础上,充分整合和发挥资源融合、人才融合、资本融合的优势,推动文化和旅游的可持续发展。

第三,以资源融合为抓手。文化旅游的灵魂在于文化资源所具有的独特性和原真性。文化旅游资源通过活化开发和利用,能够实现其具有持续开发潜力和优势的价值。此外,通过文化资源的产业化和商品化,能够将静态的物质资本转化为可为人们所感受和体验的文化资本,实现"文化产业的旅游化"和"旅游产业的文化化"。因此,要深入挖掘文化旅游资源潜力,借助互联网信息技术和融媒体传播技术,推动优秀文化旅游资源保护和活化利用,向存量资源要效益,将资源优势转化为产业优势,释放经济发展新动能。

第四,以产业融合为核心。产业融合的关键在于产业价值链的融通。文化产业和旅游产业有各自的产业发展规律和逻辑,文化产业附加值高、变现能力强且最具融合力,旅游产业消费感染力、产业带动力和经济拉动力强。寻求和匹配文化产业和旅游产业价值链的契合点和融合点,有利于充分发挥文化和旅游在产业发展中的相互作用及在整个社会经济中的推动作用。此外,在文化和旅游产业及相关产业融合发展中,要注重培育和发展新业态,使其成为经济社会持续发展的重要力量。

第五,以科技融合为助推器。技术融合发展给产业融合创新带来了新的发展机遇。5G时代,文化旅游和科技深度融合,有利于触发文化旅游产品形式、组织形态、发展渠道以及生态环境的重大变革,进一步开拓市场空间,提升产业效能。2018年3月,国务院印发《关于促进全域旅游发展的指导意见》,提出要推动旅游与文化、科技融合发展,强调要借助大数据技术推动全域旅游发展。随着数字经济的快速发展,虚拟现实、云计算、物联网、人工智能等多领域技术发展迅猛,且不断加快与文化

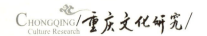

旅游业的融合。科技的快速发展将带来文化和旅游产业呈现方式和体验感受的颠覆性改变,加快推动文化和旅游的深度融合。

### 三、文旅融合需要关注的五大问题

据世界旅游组织预测,中国将在2020年成为世界最大的旅游目的地国,而文化旅游业也将发展成为我国支柱性产业之一。随着人们对美好生活的需要日益增长,我国经济由高速增长阶段转向高质量发展阶段,文旅融合发展需要关注以下五大问题:

#### (一)推进职责整合,形成协同合作机制

第一,推进职能整合,确保职责到位。各国政府越来越重视旅游与文化的紧密关系,通过政府管理机构的调整,促进这两个产业和事业的共同发展和融合。但是,行政管理机构的调整并不意味着机制整合工作的结束,重头戏还是职责到位,要根据产业发展的需要,打破文化和旅游行业边界,设计好内设部门职能和跨部级旅游政策协调机构,确保职责到位。

第二,理顺区域政府间的协作机制。鉴于我国行政区划和文化区划在空间分布的不一致性,文旅融合发展要着力推进区域间的统一协调和广泛合作。具体而言,就是建立区域文化旅游合作机制和综合协调机制,明确责任分工,通过整合文化旅游资源,差异化发展,避免同质化恶性竞争,推动区域文化旅游一体化建设。

#### (二)完善统计体系,加强数据基础建设

在文化和旅游部组建后,国家统计局发布了《文化及相关产业分类(2018)》和《国家旅游及相关产业统计分类(2018)》。对比分析两者的产业门类划分,不难看出,只有文化及相关产业中的"文化休闲娱乐服务"和旅游及相关产业中的"旅游游览""旅游娱乐"部分重合,其他大部分类别不重合。并且文化和旅游部组建后,文化产业与旅游产业仍是分开核算。而2019年5月30日公布的《中华人民共和国文化和旅游部2018年文化和旅游发展统计公报》,只公布了"全年实现旅游总收入5.97万亿元,同比增长10.5%",并未对文化产业的增加值及其占GDP的比重进行公布。

文化产业与旅游产业的统计工作可能仍有很长的路要走。文化和旅游产业的统计核算十分复杂,涉及产业与事业的联系、多产业融合交织等问题,是否需要统筹文化与旅游产业的统计体系、形成统一的统计报告,还需要根据产业自身的特性和发展规划进行研判。但可以肯定的是,要高度重视文化和旅游产业领域的统计工作,进一步加强文化和旅游领域的统计基础性工作,如完善制度方法、基层数据和数据收集渠道等。同时,建立畅通的部门间工作机制,提高文化产业统计的整体水平。此外,要加大对文化产业统计数据的宣传和解读力度,做好数据的应用,形成切实可行的专题报告,指导和推动文旅融合发展。

**(三)注重文化传承,满足美好生活需求**

旅游是文化资源重要的传播载体,是文化场景化、活态化、生动化的传承途径。依托优秀文化资源发展文化和旅游业,不仅能增强在地文化旅游的特色性和吸引力,提升产业竞争力,还能保护和传承优秀文化旅游资源,达到"以文化城""以文化人"的效果。当然,在文旅融合发展的过程中,要系统梳理优秀文化旅游资源,注重对文化旅游资源原真性、完整性、活态性的保护。以保护为前提,以市场为导向,以融合为路径,以科技为手段,推动文化和旅游可持续、高质量发展。

以文化传承为目的,推动文旅融合,有利于满足人们美好生活需求。文化变迁理论认为,文化在社会变迁中将发生功能上的改变,从满足人们在制度、物质上的生产、生活需要,转为对人们审美、心理上的满足。正是这种文化功能的变化推动了第三产业的发展,促生了文旅产业,反过来又从经济的角度推动文化传承和复兴。

随着人们收入水平的不断提高、国内消费结构的不断升级与城镇化建设的持续加快,外出旅游已经不单单是观光游览,有品质的文化旅游才能带来更多的体验感、满足感和幸福感,"好不好"已经成为满足人民日益增长的美好生活需要的重要评价标准。为适应这种变化,文化旅游产业发展要以满足人民群众美好生活需要为出发点,依托优秀传统文化资源,优化资源配置,不断推出文化旅游精品,使群众能够享文化、乐旅途。

**(四)加大融合力度,培育文化旅游新业态**

文化和旅游作为渗透性、交叉性、融合性较强的产业,势必会在发展过程中融合,同时与其他各个行业相互作用,催生新业态,成为经济发展的新动力。遵循文化和旅游产业发展规律,推动文化与旅游在更广范围、更深层次、更高水平上实现融合发展,有利于最大程度地发挥产业优势,释放产业效能。

借力文旅融合,推动乡村振兴。乡村旅游作为文化旅游的重要形式之一,显示出强大的生命力和发展潜力,被越来越多的国家关注。在我国,通过文旅融合,大力发展乡村文化旅游业,能够推动乡村振兴、精准扶贫、美丽乡村建设,唤醒乡村发展和振兴原力,促进城市文化和乡村文化的协调发展。

推动旅游演艺成为文旅融合"排头兵"。2019年3月,文化和旅游部印发的《关于促进旅游演艺发展的指导意见》提出,到2025年,旅游演艺市场实现繁荣有序。近年来,旅游演艺进入快速发展期,从2013年到2017年,我国旅游演艺票房收入从22.6亿元增长到51.5亿元,增长了128%。但值得注意的是,旅游演艺也因存在内容同质化、缺少创新性和原创性、"叫座不叫好"、投资回报率低等问题而受到诟病。对此,要坚定文化自信,坚持正确的价值导向和以人民为中心的创作导向,加强对优秀传统文化资源的活化保护和创造性发展,不断丰富旅游演艺文化内容,提高旅游演艺产品质量,不断创造出群众满意的、喜闻乐见的旅游演艺产品,满足人民群众日益增长的美好生活需要。

**（五）树立国际视角，增强国民文化自信**

文化是国家形象传播的纽带，旅游是国家形象展示的重要窗口。文化和旅游融合发展在推动产业逆势增长和经济转型升级、扩大国家间交流合作和人文往来、传播国家文化内涵和文明成果、提升国家形象和国家认同感等方面都有着非常重要的作用。国务院发布的《"十三五"旅游业发展规划》提出，要构建旅游开放新格局，实施积极的旅游外交战略。

根据文化和旅游部发布的《2018年旅游市场基本情况》，2018年，我国入境旅游人数14120万人次，比上年同期增长1.2%；出境旅游人数14972万人次，逼近1.5亿人次大关。我们国家已经成为全球第四大入境旅游接待国和最大的旅游客源国。随着"一带一路"倡议的持续推进，文化和旅游融合发展迎来新机遇，成为展示国家形象、讲好中国故事的重要载体。

新的历史时期下，文化旅游融合发展承载着不同的历史使命。我们一方面需要树立文化自信，深入梳理和挖掘优秀文化资源，调结构，促转型，丰富入境游客的文化旅游方式，提高境外游客的满意度和体验感，于无声中传递中华民族的文化魅力；另一方面也要倡导文明出境游，每位游客的境外活动都是国家形象和文化的象征，要承继和发扬中华民族文明古国和礼仪之邦的优良传统，提升国民素质，规范出境行为，为中国气质、中国精神的对外传播搭建桥梁。

（摘自《人民论坛·学术前沿》2019年第11期，有改动）

## 推进文旅融合发展 做好"四合"尤为重要

宋瑞（中国社会科学院旅游研究中心主任）

在中国特色社会主义进入新时代、深化党和国家机构改革的背景下，中央组建了文化和旅游部。这是以习近平同志为核心的党中央立足党和国家事业全局做出的重大决策。此举旨在增强和彰显文化自信，统筹文化事业、文化产业发展和旅游资源开发，提高国家文化软实力和中华文化影响力，推动文化事业、文化产业和旅游业融合发展。

笔者认为，文化和旅游融合发展是一项复杂而长期的工作，其中以下四个方面尤为重要。

其一，行政管理部门的整合。机构整合是新时代文化和旅游融合发展的核心。2018年4月，文化和旅游部正式挂牌；7月，国务院办公厅印发文化和旅游部"三定"方案。随后各省区市陆续成立文化和旅游厅（局委），各县市相应的机构改革也于不久后完成。在落实"三定"方案、实现政府行政管理部门机构整合的基础上，仍需实现管理理念、工作思路、工作方法等的整合。在这方面，要按照文化和旅游部部长雒树刚提出的"宜融则融、能融尽融、以文促旅、以旅彰文"的原则予以把握和推进；要从解决社会基本矛盾、更好满足人民日益增长的美好生活需要以及实现中华民族伟大复兴、提高国家文化软实力和中华文化影响力的高度来明确文化和旅游领域的总体思路、重点任务和工作方法；在推进实施中，可将自上而下与自下而上相结合，将顶层设计与基层探索相结合，及时总结阶段性成果和地方经验。

其二,产业发展层面的融合。产业融合是新时代文化和旅游融合发展的重点。在这方面,已经形成了良好的发展基础。近年来,红色旅游、博物馆旅游、旅游演艺、主题公园、文创产品等业态和产品得到快速发展。目前,人民群众文化和旅游消费正朝着个性化、多样化、品质化方向发展,需要不断探索新的融合方式,形成新的产品类型和产业形态,提升发展质量和发展效益,形成以文化提升旅游产业品质、以旅游扩大文化消费规模的良好发展格局。在这方面,可选择结合基础好、市场潜力大、群众需求强的领域加以重点引导;要注重提升旅游的文化含量、文化品位、文化个性,丰富旅游产品的文化内涵,彰显目的地的文化特色;要通过现代化手段,将更多文化遗产、文化资源、文化要素转化为旅游者喜爱的旅游产品;要推动文物、演艺、动漫、文化创意、设计服务等行业与旅游各个细分行业、各个服务环节深度融合,不断拓展融合的方式、广度和深度。

其三,公共服务体系的结合。公共服务体系结合是新时代文化和旅游融合发展的难点。就文化而言,在我国文化事业不断发展壮大、基本公共服务均等化工作有效推进的背景下,近些年文化领域的公共服务体系建设已经有了长足发展。2016年我国颁布了《中华人民共和国公共文化服务保障法》,此法被视作民众基本文化权益从行政性维护到法律性保障的重要跨越,明确了公共文化服务的内涵、外延、重要性、发展任务和具体要求。随着该法的实施,我国公共文化服务走上规范化、标准化、均等化发展道路。近年来,美术馆、公共图书馆、文化馆(站)等各类公共文化设施免费开放,公共文化设施服务绩效评价等稳步推进。就旅游而言,近年来旅游部门从全域旅游理念高度重视公共服务体系建设,编制了旅游公共服务规划,并在旅游厕所革命、旅游交通、旅游安全保障、无障碍旅游、旅游信用监管、市场秩序整顿以及文明旅游引导等方面做出了积极努力。不过,与文化领域相比,因其行业特点和原有管理体制所限,旅游公共服务体系在内涵、外延、发展依据、体系框架等方面并不十分明确,旅游法虽涉及少量公共服务内容,但更多侧重于产业促进和市场规范。在文化和旅游融合发展的背景下,未来应立足于满足本地居民和外来游客的需要,统筹规划建设各级各类公共文化设施和旅游公共设施;要结合居民区、旅游区的分布配置公共资源;要将旅游公共服务设施与文化公共服务设施一起纳入国家公共服务体系,做出清晰界定,建立稳定的投入机制;要研究制定文化和旅游公共服务政策和发展规划;可尝试将满足少数民族群众、未成年人和老年人的文化需求与为其提供旅游服务结合起来。

其四,知识和人才队伍的耦合。知识和人才的融通是新时代文化和旅游融合发展的保障。文化和旅游各自的内涵皆很丰富,外延也颇为广泛,不管是从政策制定、公共管理还是行业发展角度看,都需要有系统的知识储备和长期的经验积累。就行政部门的管理者和实践发展的推动者而言,原有旅游系统的人员需要充分了解文化工作的特点和要求,原有文化系统的人员需要尽快熟悉旅游发展的特点和规律。因此,知识融通、相互交流、人才培养就极为重要,需要通过各种交流和培训,消除观念上的差异,弥补知识上的不足,全面提升文化和旅游领域各类人员的融合观念和融合意识。建议适度整合原有文化体系和旅游体系的重点人才项目,建立文化和旅游专家库;成立文化和旅游教育

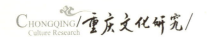

联盟或研究共同体,打通教育体系和人才培养渠道,从而为文化和旅游融合发展提供有效的智力支持。

(摘自《中国旅游报》2019年1月7日,第003版,有改动)

### 文旅融合时代:大数据、商业化与美好生活

戴斌(中国旅游研究院院长)

#### 一、美好生活是文化和旅游融合发展的理论硬核,也是实践导向

**(一)美好生活既包括丰衣足食的物质需求,也包括诗与远方的精神追求**

旅游是传播文明、交流文化、增进友谊的桥梁,是人民生活水平提高的一个重要指标,出国旅游更为广大民众所向往。近年来,"世界那么大,我想去看看""生活不只是眼前的苟且,还有诗和远方的田野"等段子在网上走红,表达了年轻一代的城市白领对远方风景和美好生活的无限向往与现实呼唤。2018年,全国共接待国内游客55亿人次、出境游客1.5亿人次和入境游客1.41亿人次,国民出游率超过4次,已经接近发达国家的平均水平。高达11.04%的国民经济综合贡献率,进一步巩固了旅游业在国家经济社会发展中的地位。习近平总书记在文艺工作座谈会上的讲话指出,随着人民生活水平不断提高,人民对包括文艺作品在内的文化产品的质量、品位、风格等要求也更高了。当恩格尔系数稳步下降,非物质需求日渐上升,文化和旅游成为老百姓日常生活不可或缺的刚性需求时,如下观点就越来越成为社会共识:不能让卫星上天和航母下海的国家就不是强大的、令人尊重的国家,而不能让民众安宁阅读和自由旅行的国家也不是现代的、文明的国家。

**(二)美好生活是文化建设的宗旨,也是旅游发展的目标**

文艺创作不能高高在上、脱离大众,也不能一味媚俗、低级趣味,更不能是非不分、善恶不辨。只有把人民美好生活需要作为出发点和落脚点,才能使文艺创作和文化遗产活化在市场经济大潮中保持正确的方向,将"圈子里叫好"和"场子里叫座"有机结合起来。全域旅游和品质旅游的兴起,使得旅游回归生活的本质有了现实可能。国家明确旅游业是综合性产业,旅游业在人口素质提升、民生改善等方面的功能得到更多的重视。在旅途中多些停留,多些文化体验,更能够放松身心,感受到生活的美好与品质。如果不能通过内容创造持续提升国民的综合素质和审美水平,旅游业的可持续发展是不可想象的。

**(三)美好生活是文化建设的内驱力,也是旅游发展的新动能**

人民群众从来都需要交响乐、歌剧、芭蕾舞等高雅艺术,也需要博物馆、图书馆、美术馆等公共文化设施,更需要电影、电视、游戏、流行歌曲、主题公园等大众文化产品。这是民众素质随着经济增长

和教育发展自下而上提升的过程,也是公共文化机构和艺术工作者自上而下普及的过程。文之大者,为国为民,让文化走出文化界的小圈子,为包括游客在内的更多国民所分享,是新时代文化建设的重要方向。旅游发展正在从"美丽风景",走向"美好生活"。大众旅游时代的兴起对传统旅游发展方式提出了挑战,旅行经验日渐丰富的游客借助移动互联网和大数据,广泛进入目的地居民的休闲场所和日常生活空间。经济社会发展水平高、公共文化覆盖面广、文化艺术氛围深厚、市民受教育年限长、综合素质高的旅游目的地,不论是接待游客数量、旅游收入、企业利润,还是游客满意度评价,都远高于那些经济欠发达、社会欠发展、公共文化设施建设不完善的地方。越来越多的案例和数据表明:当代游客既要美丽风景,也要美好生活,主客共享的生活品质已经成为优质旅游的新动能。

### (四)文化和旅游融合发展,提升文化服务效能和旅游发展品质

城乡居民丰富多彩的文化生活极大丰富了当代旅游资源和产品体系,游客在主客共享的生活场景中通过深度体验,以建构个体与远方的共鸣与连接。值此大众旅游新时代,文化服务的对象不再只是本地的常住居民,同时也应包括外来的旅游者和异国他乡的到访者。旅游者作为文化消费的先行者,不仅直接为文化建设提供了市场基础,而且其反馈也对文化建设的内容和形式有相当的参考借鉴价值。游客的到来增厚了文化生产的市场土壤,让很多濒临失传的非物质文化遗产得到重生,并在主客互动中不同程度地参与地方文化的传承、开放与创新进程。传承好优秀的历史文化和国家记忆,传播好革命文化,建设好社会主义先进文化,既可以为国家和城市的旅游形象注入满满的正能量,也可以为游客的深度体验提供美好生活的场景。文化还可以润物细无声地促进文明旅游和旅游产业高质量发展。城乡居民知书达礼,懂得温良恭俭让,日常生活和旅游过程才会呈现出文明的样子。从世界范围来看,文化氛围浓厚的国家、城市和乡村,往往也是游客喜欢到访并给予好评的旅游目的地。无论任何时候、任何地方,人都是最美丽的风景。

## 二、大数据是文化和旅游融合发展的理论支撑,也是实践路径

### (一)大数据是文化建设的基础工程,也是旅游发展的产业动能

从需求侧看,游客需要通过移动互联网平台便捷有效地获取文化资源和旅游市场信息。从供给侧看,企业需要通过数据生产和分析研判对消费群体进行精准画像,快速地将产品和服务信息送达消费者,也可以面向新需求,研发新产品。在以分众和个性为代表的消费时代,需求侧的预定、预约、消费和评价,供给侧的平台化和对分散资源的聚集能力,都离不开大数据。

大数据可以培育和扩大新消费市场,赋能传统产业。过去小众的舞台艺术和文创项目,以及纳入非物质文化遗产保护的手工艺等,通过大数据的平台化供给,就会在旅游市场上焕发出新的生机。在"文化+""旅游+"的融合发展过程中,富有创业创新创造精神的市场主体广泛应用大数据、云计算、人工智能等商业技术,把越来越多的城乡居民休闲资源转化成群众喜爱的旅游产品,也让更多的

传统旅游资源为城乡居民所共享。

大数据可以有效促进产品研发和业态创新,重构文化产业、旅游产业格局。对于年轻一代的消费群体而言,大数据本身就是内容,而且这些内容还会裂变出全新的消费市场。从事高端定制服务和品质旅游服务的旅行社更视数据为核心资产和市场竞争力的关键要素。事实上,谷歌、百度、电信地图等大数据生产商正在为文化休闲、旅游消费、自主研发和投资运营赋予全新的强大动能。大数据正在重构全球消费与生产、需求与供给、资源与产品格局,也在一定程度上重构文学、音乐、美术、书法的创作方式,甚至舞台艺术空间和夜间生活。

在文化和旅游融合发展的新时代,需要下大力气做好文化资源调查和旅游市场分析,构筑融合发展的底层器件。为此,需要建立以政府规划为导向,事业单位和商业机构为基础的数据生产和应用体系。

**(二)发布需求数据,有效引导文化休闲、旅游消费和创业创新**

数据表明,以博物馆、图书馆、美术馆和科技馆为代表的公共文化空间还没有成为人民群众的日常生活场景。还有,送电影、送戏曲下乡活动,有多少观众? 其满意度和获得感如何? 馆藏图书是不是人民群众所需要的? 诸如此类更能反映文化效能的细颗粒度数据和结构性数据,行政主管部门和公共机构并未掌握,或者掌握不及时、不充分。如果这种局面得不到有效改进,将不利于国家文化战略的有效实施。数据是国之公器,是文化和旅游融合发展的战略性资源,也是企业创新的底层器件。要使市场数据能真正发挥驱动创新的效能,就必须实现数据在政府、市场主体、产业主体之间自由流动。为此,要建立数据的定期发布机制,实现数据常态化供给。

**(三)整合数据资源,推进文化和旅游领域的自主研发和商业创新**

市场主体既是文化和旅游大数据汇集的主要平台,也是大数据的使用者。以企业为主体,由市场驱动的技术创新体系,才更具生命力和可持续性。只有活跃的企业创新体系形成了,文化和旅游领域才会更具发展活力。市场数据的生产与发布要与投资机构、产业主体和专业机构开放共建和共享。为推动基于数据的市场研发和创新行为,文化和旅游部门可利用行政资源整合文化、旅游、统计、交通、银行、公安、工商、商务、税收等部门的数据资源,在允许的范围内向企业开放,通过平台系统和发布报告等方式向产业主体提供。通过高效的数据开放共享机制推动和促进企业创新,引导企业面向人民对美好生活的需要,以内容创造和市场创新为导向,形成居民和游客喜闻乐见的项目、产品和服务。

**(四)创新文化和旅游统计方式,建立文化产业、旅游产业分析体系**

数据是企业研发活动的起点,统计和数据的规模、质量和响应程度在文化和旅游创新体系形成中就显得尤为重要。在过去一年里,文化和旅游融合发展在大数据应用方面做了不少行之有效的探索,但还需要加强以下几个方面的工作。一是建设专业机构和发布平台,组建直属于文化和旅游行政主管部门的数据中心,分级负责统计业务、数据生产和分析报告,经授权可以发布相关数据成果。二是研究制订文化和旅游统计调查制度,完善统计指标体系、测算分析手册和工作手册。加强招聘、培训和知识网络合作,推进专业统计和大数据人才队伍建设。三是建立国家、地方和企业的分级统计制度体系,建立大数据采集、生产、发布和应用的工作体系,构建数据中心分中心、专业基地、专题实验室和观测站的合作网络体系,确保统计数据有来源、分析有依据、发布有档期、成果有应用。四是重推广,通过专业刊物、举办统计和工作会议、开展国际交流等方式,主动发声、积极引领,用大数据重构文化事业、文化产业和旅游业发展新格局。

### 三、市场主体是文化和旅游融合发展的理念载体,也是实践主体

#### (一)市场主体是新时代文化建设和旅游发展的基础支撑

国民的、大众的、市场化的文化和旅游需求及其实现,有赖于市场主体的创业创新和品质供给。随着居民物质生活水平和精神生活追求的提升,文化活动和旅游休闲的市场化需求日益旺盛,消费分层分级趋势愈发明显。

除主流文化空间和传统艺术项目之外,城乡居民的文化消费更趋向于大众化、多样化和市场化。旅游者到访目的地,完成城市地标和景点观光后,很多人还会参与彰显市民休闲、生活品位和文化内涵的深度游。产业创新发展体系开始从行政向市场溢出,从供给侧向需求侧转移,从资源端向客源端倾斜,市场主体意识觉醒和消费者主权的时代已经来临。文化机构和旅游企业的运作模式,也相应地从资源获得走向场景营造和内容创造。市场主体已成为国家文化软实力国际旅游竞争力的关键要素。优秀文化必然承载人类命运共同体的未来,因其体现的共同价值而对不同国家、不同地区、不同民族、不同文明的受众产生自然而然的吸引力,进而形塑国家和地区形象。基础设施、商业环境和生活方式,已经成为文化软实力和旅游竞争力的关键要素。加上传统的自然资源和历史文化遗产,共同构成了城市文化和旅游发展体系以及解释框架。

#### (二)市场主体引领文化建设和旅游发展的实践方向

无论是文化事业、文化产业,还是旅游业,一个市场主导的、社会参与的多元、分层和创新导向的供给体系正在形成。文化消费主体从少数人扩展至国民大众,供给主体也从体制内向体制外扩展。旅游消费的大众化、市场化也推动旅游市场主体日益发展壮大,旅游从以往单一的、以国有企业为主体的结构向国有、民营、外资等企业并存的多元主体发展。文化和旅游市场主体正在经历多元化、自主性的融合过程。当前文化和旅游领域已经初步具备了从存量资源整合到增量创造的商业基础。引领性的市场理念最终要落实到项目和产品上,而项目的研发和产品的销售,最终还要依靠优秀的企业家、创业者和专业技术领域的高素质从业人员。

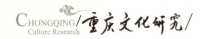

**（三）培育一批新型市场主体，改革一批传统市场主体，做强一批承载国家战略的企业集团**

为推动文化和旅游融合发展，行政主管部门要多去企业调研，公开为企业家造势、站台、发声，积极释放鼓励投资创业的信号。进一步推动现有文化机构市场化改革和旅游企业的专业化发展。中央文化企业要做文化和旅游融合发展的领头雁和示范者。继续做好文化、旅游和科技融合示范工作，鼓励小微型企业的成长，形成充满生机和活力的产业体系。要把旅游发展中的增量资源和文化领域中的存量资源切实融合在一起，从而产生新的创造力，甚至形成现象级的以文化为内核，以居民和游客消费为双重支撑的休闲旅游产品。以高质量发展为导向，着力于品质提升，培育一批有广泛社会影响力、强大国际竞争力的文化和旅游融合发展新品牌。

（摘自《人民论坛·学术前沿》2019年第11期，有改动）

# 《夔州诗全集》未选之陆游诗三首

薛新力

（重庆工商大学）

【摘要】本文根据《夔州诗全集》的收录标准，结合《夔州诗全集》已收录的陆游诗进行分析，指出陆游赴夔州任前夕和赴任途中所作《投梁参政》《哀郢》二首等三首诗，从时间、地点、内容上看，当属《夔州诗全集》应收之诗。

【关键词】夔州诗；陆游；《夔州诗全集》

一

《夔州诗全集》所收陆游诗跨越时期较长，从隆兴元年（1163）到嘉定元年（1208）计45年，跨越陆游通判镇江、隆兴、夔州等地，直至去世前一年。《夔州诗全集·凡例》称，《夔州诗全集》收录作品范围：(1)历代夔州籍诗人之作，全部收录；(2)历代旅游、宦游和流寓夔州者之诗，其在夔、忆夔之作，悉数录入；(3)历代咏夔州史迹及风物之诗，无论作者是否到过夔州，亦予以录入。以此观《夔州诗全集》所选陆游诗，绝大部分是其"在夔、忆夔之作"，不过对"在夔"做了合理延伸。譬如所选第一首《寄张真父舍人》系隆兴元年（1163）所作，这年发生的事是陆游通判夔州（1170）的前因。《宋史》："时龙大渊、曾觌用事，游为枢臣张焘言：'觌、大渊招权植党，荧惑圣听，公及今不言，异日将不可去。'焘遽以闻上，诘语所自来，焘以游对。上怒，出通判建康府，寻易隆兴府。"于北山先生认为"建康"为"镇江"之误，故其《陆游年谱》于此评说：宋孝宗"贬谪务观出朝。三月，除左通直郎通判镇江府。龙、曾集团对此爱国诗人横加政治压力，实肇于此"[1]。这年"张震出守夔州"，陆游"赋诗送行"，对"中朝禁省臣"出而为"万里夔州守"的张震惺惺相惜，方有"想见怀明主，登临白发新"之慨。被贬谪出朝的陆游，从此有志难伸，通判镇江、隆兴，又因力说张浚用兵而免归，直至五年后通判夔州。无论从了解一历史事件的前因后果来说，还是从了解陆游其人完整的一段人生遭际来说，选这首《寄张真父舍人》都是不无道理的。何况张震在夔且有政绩，这诗也折射出夔州这一人物的历史。这种对"在夔"的合理延伸还体现在所大量选陆游赴夔州任行前和赴任途中的诗，如《将赴官夔府书怀》《江陵道中作》等。不

---

① 于北山.陆游年谱[M].上海：上海古籍出版社，2006：98-99.

过,《夔州诗全集》对于陆游赴任夔州行前和途中之诗惜未"悉数录入",尚遗若干未收之诗。如乾道六年(1170)七月作于当涂的《吊李翰林墓》,因人生受挫而发"浮生今古同归此"之慨叹;乾道六年(1170)十月作于巴东的《秋风亭拜寇莱公遗像二首》亦有"人生穷达谁能料"之句。对此类未收之诗,仁者见仁,智者见智,这里不一一详加讨论,唯提出三首笔者认为实不该漏收之诗,供编者增补修订时参考。

## 二

一首是《投梁参政》,兹录于后:

浮生无根株,志士惜浪死。鸡鸣何预人,推枕中夕起。

游也本无奇,腰折百僚底。流离鬓成丝,悲咤泪如洗。

残年走巴峡,辛苦为斗米。远冲三伏热,前指九月水。

回首长安城,未忍便万里。袖诗叩东府,再拜求望履。

平生实易足,名幸污黄纸。但忧死无闻,功不挂青史。

颇闻匈奴乱,天意殄蛇豕。何时嫖姚师,大刷渭桥耻?

士各奋所长,儒生未宜鄙。覆毡草军书,不畏寒堕指。

据钱仲联先生《剑南诗稿校注》"题解":"此诗乾道六年闰五月作于临安。据《入蜀记》,游于闰五月二十日至临安,六月一日离去。此诗有'远冲三伏热','回首长安城,未忍便万里','袖诗叩东府'等句,殆作于将离临安之时。"[1]于北山先生《陆游年谱》说陆游"闰五月十八日离山阴赴夔州通判任"[2]与此相合,陆游免归后,于老家山阴知悉朝廷起通判夔州,他闰五月十八日离山阴,"二十日至临安",然后从临安赴夔州任。"将赴官夔州,有诗抒怀。芮煜还朝,赋诗送之,仍眷眷不忘于国事。以诗投梁克家,志在从戎草檄,为国雪耻。"此皆陆游在临安事。可见,《投梁参政》与入选《夔州诗全集》的《将赴官夔府书怀》俱为陆游赴夔州任行前之作,《投梁参政》更是成于由临安启程赴任前夕。梁参政指梁克家,字叔子,泉州晋江人,绍兴三十年(1160)廷试第一,时参知政事兼知枢密院事。《宋史·职官志》:"参知政事,掌副宰相,毗大政,参庶务。"东府,宋时为宰相及中书所居,一说为枢密院,皆与梁克家涉。陆游自隆兴元年(1163)被贬出朝,通判镇江年余,乾道元年(1165)又改通判隆兴,乾道二年(1166)因"力说张浚用兵"免官归里,直到乾道六年(1170)才被起用为夔州通判。赴任前的陆游"袖诗叩东府",其心情是复杂的。一方面欣喜于又有实现抱负的机会,不至浪死虚生;另一方面,又难免透出这些年积淀的委屈、悲抑。所以有"浮生无根株,志士惜浪死","流离鬓成丝,悲咤泪如洗"句。"残年走巴峡,辛苦为斗米"一句自嘲透出陆游的不满和压抑,虽说"平生实易足,名幸污黄纸",但夔州通判实非陆游志之所在。非为斗米生存,不愿浪死虚生,"但忧死无闻,功不挂青史"。何以建功?

① 钱仲联.剑南诗稿校注[M].上海:上海古籍出版社,1985:135.
② 于北山.陆游年谱[M].上海:上海古籍出版社,2006:144.

"鸡鸣何预人,推枕中夕起",效祖逖闻鸡起舞,北上收复失地。虽然,因"力说张浚用兵"而被置闲五年,一旦起用仍矢志不渝。抗击金虏,收复失地,这是陆游一贯的主张;爱国忧时,是陆游一生的情怀。所以,赴夔州任行前"回首长安城,未忍便万里",借长安喻指南渡偏安的临安都城,饱含着对国家安危的深深忧虑。陆游不仅忧虑着国家安危,也关注着为国雪耻的时机,乾道六年(1170)"敌中饥馑连年,盗贼日起",陆游认为这是"天意殄蛇豕",渴盼随霍去病那样的"嫖姚师"去"大刷渭桥耻",结句"士各奋所长,儒生未宜鄙。覆毡草军书,不畏寒堕指",向握有政军之权的梁克家表达了"志在从戎草檄,为国雪耻"的强烈愿望。

综上,这首诗折射了陆游自贬谪出朝至通判夔州的人生遭际,概括了他数年沉浮的情感情绪,表达了他收复失地的一贯主张,显示了他爱国忧时的一生情怀。尤为重要的是:这种主张、这种情怀,在免官五年重新起用的特定环境中表现出来,更显其坚定,更显其强烈。在表现陆游爱国诗人的形象上,这首诗是有一定的典型性的。窃以为,陆游这首《投梁参政》,《夔州诗全集》不可不选。

## 三

另有一题二首,即《哀郢》二首,亦录于后:
远接商周祚最长,北盟齐晋势争强。
章华歌舞终萧瑟,云梦风烟旧莽苍。
草合故宫惟雁起,盗穿荒冢有狐藏。
离骚未尽灵均恨,志士千秋泪满裳。

荆州十月早梅春,徂岁真同下阪轮。
天地何心穷壮士,江湖从古著羁臣。
淋漓痛饮长亭暮,慷慨悲歌白发新。
欲吊章华无处问,废城霜露湿荆榛。

据《入蜀记》,陆游于乾道六年(1170)九月八日抵江陵境,九月二十七日离江陵,《夔州诗全集》所选《江陵道中作》当作于这期间,所以钱仲联先生在此诗"题解"中说"此诗作于乾道六年九月江陵境中"。[1]而对于《哀郢》二首,钱先生"题解"则说"此诗乾道六年十月作",理由是"此诗有'荆州十月早梅春'之句,是作于已离江陵之后矣"。[2]如此,则陆游这时离夔州更近,且据《入蜀记》,陆游十月二十七日抵夔,此诗是否抵夔后作亦未可知。再从内容上看,江陵者,"春秋以来,楚国之都,谓之郢都";《哀郢》者,屈原哀楚都之破而国陷危亡之名篇也。爱国诗人陆游赴夔州途中到此,径用屈原旧题,其意自明矣! 陆游《哀郢》非哀楚都而哀宋都也,汴京城破,临安的南宋朝廷亦在风雨飘摇之中。所谓

① 钱仲联.剑南诗稿校注[M].上海:上海古籍出版社,1985:145.
② 钱仲联.剑南诗稿校注[M].上海:上海古籍出版社,1985:144.

"章华歌舞终萧瑟"及"雁起""狐藏"句,乃至"欲吊章华无处问,废城霜露湿荆榛"皆兴亡之叹也。由临安启程赴任时就"回首长安城,未忍便万里",江山兴亡,国家安危,时在念中,及至郢都,吊古哀今,方有《哀郢》二首之作。陆游《哀郢》,哀屈原亦自哀也。"离骚未尽灵均恨,志士千秋泪满裳","天地何心穷壮士,江湖从古著羁臣",一腔悲愤借《哀郢》而出。但其悲愤非关个人沉浮,而是"但悲不见九州同"的家国情怀。杨大鹤《剑南诗抄序》:"南宋自绍兴改元讫于嘉定,中间五六十年,金壬柄国之日为多。朝廷之上,前有谗而不见,后有贼而不知;忠义为谬,道学为非;正人君子,朝进用而夕报罢,见几明决者,求去惟恐不速:此为放翁所遭之世。"[①]身处此境的陆游,隆兴至乾道间的人生遭际几近逐臣,与屈原相似。壮士途穷,报国无路,故吊屈原、抒悲愤、忧国难、哀时势,此陆游作为爱国诗人的典型思想感情,亦其径用屈原旧题之深意矣!

综上,无论从时间、地点、内容上看,《哀郢》二首《夔州诗全集》亦当选也。

---

① 转引自于北山《陆游年谱》609页。

# 川剧国家级非遗代表性传承人
# 周继培表演艺术探究①

罗敏

（重庆市文化和旅游研究院）

【摘要】周继培是重庆市国家级非物质文化遗产代表性项目川剧代表性传承人，他拥有自己独特的表演风格和出色的唱腔艺术，塑造了众多生动鲜活的艺术形象，他继承传统却不拘泥于传统，大胆革新却不脱离行当，形成了独具特色的高亢激越、韵味无穷的声腔，享誉艺坛。同时他因材施教，诲人不倦，传艺授技，为川剧事业培育了众多青年人才。他倾其毕生的心血和才华为我国的川剧事业做出了贡献，是中国川剧的领军人物之一。

【关键词】国家级；代表性传承人；周继培；表演艺术

为加强传承人保护、促进非遗活态传承，自2013年始，文化部（今文化和旅游部）率先发起国家级非遗代表性传承人抢救性记录工程。2015年，文化部全面启动了国家级非遗代表性传承人的抢救性记录工程。"抢救性记录"工程是列入《文化部"十三五"时期文化改革发展规划》的重要任务，也是文化战略重点工程。"十四五"时期，文化和旅游部还将继续推进国家级非遗代表性传承人抢救性记录。

在非物质文化遗产的保护中，保护传承人是关键，传承人是项目的持有者，是非遗项目的核心，是当下提倡的不懈追求、精益求精、无私奉献的工匠精神的重要载体。当前我们的非遗传承人普遍年龄较大，身体状况不容乐观，人亡艺绝时有发生，非遗传承后继乏人。传承人保护形势十分严峻。故实施抢救性记录，记录他们掌握的非物质文化遗产技艺刻不容缓，势在必行，这是一项与时间赛跑的工程。笔者有幸成为重庆市川剧国家级非遗代表性传承人周继培的抢救性记录工程的负责人，亲身参与此项工作，受益良多，感受

周继培在《空城计》中饰孔明

①本文系2020年度重庆市自然科学基金面上项目"基于数字化技术的重庆市非物质文化遗产代表性传承人群抢救性记录研究"（项目批准号：cstc2020jcyj-msxmX0734）的阶段性研究成果。

颇深。下面结合笔者的访谈记录和观摩实践,浅谈周继培老师的表演艺术。

### 一、周继培的艺术生涯

川剧国家级代表性传承人周继培在川剧的生角行当里是一位承前启后的人物。

他是川剧生角泰斗贾培之先生的入室弟子,拥有自己独特的表演风格和出色的唱腔艺术,塑造了众多生动鲜活的艺术形象。他继承传统却不拘泥于传统,大胆革新却不脱离行当,享誉艺坛,桃李满园。周老师倾其毕生的心血和才华为我国的川剧事业做出了贡献,是中国川剧的领军人物之一。

周继培,1928年2月出生于四川达县(今达州),原名周华德,行当正生、老生。他学戏快、能戏多,创造性地在唱腔上吸收扬琴腔和京戏曲牌、昆腔等,丰富和发扬了川剧声腔艺术,所以人誉"唱口先生"。

周老师自幼喜爱川剧,加之他天生一副好嗓子,对声腔的悟性极高,后被川剧大家贾培之收为入室弟子,从此步入梨园行。贾培之当时是"三庆会"会长,是全川最有名的川剧名角之一,被尊为"生角泰斗"。

同所有进科班从事学艺的学员一样,周老师也是从最根本的基本功学起:磕腿、拿顶、下腰、上道板、走台步、推衫子、打把子、吊嗓子……日复一日,日积月累。经过名师几年的严格教导,周老师继承了"贾"派老生擅于表现悲剧人物、表达人物激昂情绪等的诸多唱功。周老师除师承贾培之专习正生外,还向川剧前辈艺术家张德成、天籁、萧楷臣学艺,努力吸取众家之长,唱腔功力倍增。他的戏由中央广播电台、市广播电台录制成唱片或磁带的有七八十个剧目。其代表剧目有《马房放奎》《空城计》《古城会》《挑袍》《长生殿》《伯牙碎琴》《乘船夺斧》《渡芦》等。

### 二、表演艺术风格研究

周老师对川剧艺术的贡献是多方面的,但其中最突出的还在于对川剧唱腔的革新创造。周老师天生一副好嗓子,嗓音清润圆亮,讲究音韵,行腔细腻流畅,腔法凝重雄沉,柔中有刚,曲中有直,苍劲含蓄,韵味醇厚。他善于在川剧唱法中吸收扬琴的唱腔,这使他的唱腔富于变化,从而丰富了川剧的唱腔、唱法。他的基本功厚实,造诣甚深。他从小深受贾培之老师的点拨,领悟、吸取老师唱腔艺术精华,12岁时就较好地掌握了川剧传统声腔。与此同时,还向川剧前辈艺术家张德成、天籁、萧楷臣学艺,博采众家之长,千锤百炼,形成了他的质朴醇厚、洪亮雄阔并略带悲壮美的声腔艺术风格。

周老师天赋高,善于突破传统唱腔类型化的轨范,从实际生活出发,以人物性格为依据,死曲活唱,大胆把川剧唱腔与扬琴唱腔糅合,创造出最能表现人物思想感情的唱腔和唱法,并将其用于自己所演剧目之中。同样一支曲牌(或板式),在不同的剧目中有不同的唱法和效果;即使同样一段唱腔,他也会唱出不同的韵味。他在共性中求个性,大同中存小异,兼收并蓄,创造出具有个人风格的舞台形象。例如其代表剧目《马房放奎》是一台川剧胡琴戏,周老师在剧中饰演陈容,他在戏中的很多唱腔就创新地融入了扬琴声腔,大大地丰富了川剧胡琴皮黄声腔,更好地运用这一艺术手段来刻画剧中人物:

(唱【阴二黄】)二相公休得心悲痛,

切莫高声你要从容。

老汉违命将你纵,

是小姐的良言启愚蒙。

翡桃小姐恩义重,

你得人点水当报九重。

老汉今夜把你送,

叮咛之言你要记心中。

这一大段唱腔周老师唱得声情并茂,抑扬顿挫,韵味十足,凄切感人。他不仅巧妙地融入了扬琴腔,而且吸收了小生的唱法,采用大小嗓、宽窄音并用的表现形式,使得陈容的唱、念铿锵有力,富于音乐性和节奏感,恰到好处地用他那极具穿透力的嗓音,形象地表现出老家院陈容的殷殷嘱咐之情,劝人向善,劝人牢记他人恩德,滴水恩涌泉报……刻画出陈容忠厚善良的形象。周老师字字句句唱得扣人心弦,达到了"以唱塑人"的艺术境界。

再如在《北海祭祖》中,周老师对唱腔旋律做了创新,唱得哀伤动人,韵味醇厚,给人们带来了川剧声腔的全新体验,极具震撼力。郑北海唱:"郑北海闻此言咽喉气哑,止不住伤心泪点点如麻啊,昏沉沉倒椅上不能言话啊……"这一段【二黄三板】唱腔吸收了扬琴腔,注意在特定环境下角色的心情和行腔关系,节奏紧凑,有声有情,唱出了哽咽之声,表达了失子之痛,催人泪下。当唱到"想当初幼小时将儿抚大",他创新使用了一个长拖腔,用他那宽厚的嗓音,沉稳的唱法,满腔满调,高低自如地用了几个"呵""哈"的抖音,音色凄楚悲凉,借鉴扬琴的唱法,声调幽怨沉重,悲中有痛,凄楚苍凉,哀恨交织,音乐情感饱满,表现了郑北海悔恨、悲恸交织之情,感人至深。在《北海祭祖》中,周老师以他独树一帜的唱腔,使观众获得川剧唱腔的审美愉悦,观众赞不绝口。正如明代戏曲评论家潘之恒所言:"夫曲先正字,而后取音"[①],"声之微为音,音之宣为乐。故曰:知声而不知音,不能识曲;知音而不知乐,不能宣情"[②]。

《空城计》是川剧经典胡琴戏,取材于家喻户晓的《三国演义》故事,是周老师的代表剧目,在剧中他饰演孔明。他对该剧进行革新梳理。全剧节奏舒展有序,表演上唱、念、做全面展开,集中刻画了诸葛亮临危镇定、出敌不意的大智慧。周老师承袭贾派,处处传神,唱、念上发挥自己的特色,表演上拿捏人物分寸精确,使得正宗贾派的《空城计》得以发扬光大。《空城计》中"三报"后的预料是"念"与

①潘之恒.潘之恒曲话[M].北京:中国戏剧出版社,1988:26。
②潘之恒.潘之恒曲话[M].北京:中国戏剧出版社,1988:13。

"做"的重要表演,周老师的表演准确地抓住了每个关节,层层深入。一报"街亭已失",二报"列柳已失",三报"司马懿攻取岐山"。这"三报"之后诸葛亮都有念白,第一报后,诸葛亮预料"街亭已失,列柳城一定不保"。周老师根本不看报子,仅用羽毛扇一摆,念白平稳而慢。第二报后,预料"果然如此。噫!他必定取我的岐山大寨",虽然语气略快,但仍然平稳,因为司马懿夺取列柳城已是预料中的事。第三报后,"果不出我所料。传我大令,命南安……",周老师则是欠身转向报子,用认真较快的语气吩咐,表现面对战场强手,不可轻敌的态度。周老师抓住古战场大军事家棋逢对手时的心态,并未因军情紧张而急切,反而念得稳中有敬。为后面剧情推进奠定了良好基础。诸葛亮在城楼上的两段唱是脍炙人口的经典,第一段(唱【琴歌】):司马懿,真可恶,列柳街亭被你夺;是好的进城来会我,管叫你父子不得活。展现诸葛亮此时的淡定自若和让观众欣赏演员唱功的一种戏曲表现手法,周老师的这段唱把贾派沉稳、洪亮、跌宕、干净的特色展示得淋漓尽致。第二段是紧接司马懿唱后的:

(唱【西皮五鸡头】)

我正在城楼观山景,

耳听城外乱纷纷。

旌旗招展空中引,

却原是司马父儿发来了大兵。

你我从来未交阵,

直到此时才会兵。

我这里无有珍馐来奉敬,

我只有羊羔美酒、美酒羊羔犒赏你的众三军。

今日西城多清静,

抚一抚当年前的旧日琴音。

抚一曲高山流水和雅韵,

等一等仲达进西城。

诸葛亮城楼把你等,

来来来呀我们谈谈心。

手抚琴弦把音定……

这是川剧中速节奏的代表性唱段,周老师唱得如行云流水,十五句一气呵成,行腔简洁自然、流畅明快,表现出诸葛亮发现司马懿开始犹豫不定时,更加镇定自若。这段唱腔既展示了诸葛亮的自信洒脱,又不乏对司马懿的嘲讽戏弄,闻之如珠落玉盘。周老师达到了"唱如念,念如唱"川剧表演艺术的最高境界。

### 三、"字正腔圆"话"曲情"

周老师遵循川剧前辈和业师贾培之的谆谆教导,尤讲究"字正腔圆"和"曲情"。"字正腔圆"是每个川剧演员行腔的必备条件;"曲情",是川剧表演艺术最高的审美境界,也是每个川剧演员悉心追求的目标。川剧艺诀"依腔就字,字不见劲,腔必减色。腔出字,字出味。腔准于情而生于字,字正而后腔圆"①。唱功是戏曲表演中第一位重要的表现手法,演唱最基本的要求是字正腔圆,节奏准确,以字生腔,以情带腔,从而表达剧中人物的感情。

演唱要做到"字正腔圆",就要注意嚼字,字音准确,音调准确,且要灵活运用,才能字里传情。嚼字要做到字音准、纯,这就需要讲究"五音""四呼"。"五音"就是"宫商角徵羽",周老师有他自己的口诀:欲言宫,舌居中(喉音);欲言商,口大张(舌音);欲言角,舌后缩(牙音);欲言徵,舌抵齿(齿音);欲言羽,唇上取(唇音)。②"五音"准了,"四呼"也要正确,不然,嚼字就不准,唱起也就乏味。"四呼"就是"开齐合撮"。他的口诀是:说开口必开,齿叩齐必来,撮字音在腭,唇啊合必谐。③"四呼"是掌握口型的变化。"五音""四呼"结合好了,发声嚼字的准稳就能解决了,唱起就有韵味,有劲道,也就不损伤声带,起到保护嗓子的作用。

例如周老师在《马房放奎》中,一出马门便唱【三板】:"明(哪)亮亮灯(哪)光往前照(啊)……",放腔"明亮亮灯光往前照","明"唱"míng",高"na"音,这个字若唱平声,就缺少韵味,"光"是双音"guāng",是高三板,注意声母跟韵母的关系。他嚼字准确,极其生动而深刻地揭示出人物的善良刚直精神品质,声腔高亢苍凉,为人乐道。后来唱【阴二流】:"二相公,你,你,你要低低……一声些——哟——哦……""低"字要注意嚼字,应该唱成"di";"些"字用丹田提音,话蓄在胸部,然后压在牙缝里排挤出去,"些"字吐后行"一"字韵,愈压声愈小,愈细,愈弱,但声音未断,像一根细丝拖长,最后极其自然地卷上扬琴调,内起锣鼓,一气呵成,韵味深厚,声情并茂,也准确表达出陈容放奎荣时叮咛嘱咐的心情。他在《打神》里面唱"恨满满,苍天……",这里他就注意嚼字准确,行腔舒畅,运气自如,落音厚重达远。"天"字不但是开口音,还是双音字,若唱成单音就很容易破音,应该唱成"tiān",颇能给人以听觉上的美感愉悦。他在《处道还姬》中,唱【一字】:"踏破金陵铁马飞,南朝一统归大隋。"融入扬琴调,"踏"字开口,"破"撮口,字正腔圆,擒放自如。周老师的演唱功力炉火纯青,他咬字清晰,行腔流畅,吞吐有据,中低声低回婉转,丝丝入扣,高音区大气舒展,通畅明亮,于高低轻重间,游刃有余。这正是"轻重是气,高低是调,吞吐擒放找劲道"。这是对川剧演员行腔时,咬字吐字及发声状态的要求,只有运用呼吸,找到四呼五音规律才能实现。

川剧离不开曲情,曲情是表情达意,叙述情节,刻画人物性格和思想的重要手段。古人云:"唱曲宜有曲情,曲情者,曲中之情节也。解明情节,知其意之所在,则唱出口时,俨然此种神情。"④"曲情"

---

① 胡度.川剧艺诀释义[M].上海:上海文艺出版社,1985:56.
② 胡度.川剧艺诀释义[M].上海:上海文艺出版社,1985:50.
③ 胡度.川剧艺诀释义[M].上海:上海文艺出版社,1985:51.
④ 李渔.闲情偶寄[M].北京:中国纺织出版社,2007:286.

就是要做到润腔丰富多彩，恰到好处，韵味浓郁。使声为情役，才能唱出丰富、真挚、充沛的情感，从而烘托出人物形象。《柴市节》是贾培之的拿手好戏之一，周老师继承了贾派的唱腔风格，并有着自己独特的创新之处。他的表演不仅仅是为唱而唱，而是加上自己对剧情的深刻理解，对所饰演人物的细致揣摩，并在此基础上探索、创新，塑造出鲜明生动而又不落窠臼的别开生面的人物形象。周老师饰演的文天祥充分表现出其宁死不屈、忠贞殉国的高尚品德，每次演出都使观众感动得掉泪。随着锣鼓声启幕，他在马门内唱【二簧倒板】："刀斧手绑杀场宰相开宰。"当唱到"刀斧手绑杀场"时平静得有如一潭秋水，清淡辽阔，神色自若，表现了从容就义的心情。出场亮相，庄重严肃。唱到"宰相开宰"，就"开"字一气升高八度，拉长六拍，声音清亮高昂，刚劲有力。末尾奇峰突起，气势磅礴，震撼观众的心灵。这开场第一句唱腔就博得观众的阵阵喝彩。然后稳步出马门，亮相。稍停，庄严地缓步走到中场靠右一点，接唱"文文山顾名分那顾形骸，擎天柱立地维万世永——赖"，由低到高，由弱到强，"永"字登得很高，一气到顶。唱到"为正气所磅礴吾何惧哉"，在下场口桌上加坐箱斜面落座，稳坐如泰山，岿然不动。最后庶民百姓含悲忍泪，来行祭礼，同文天祥告别。文天祥唱："这一颗赤心无更改，叫他们（指百姓）从容些毋用悲哀，某此生事件毕矣向百姓们再拜……"文天祥与百姓水乳交融，面对来行祭礼的百姓，甚是感动，深深一拜。"这——一颗赤呀心哪……无更改呀"，这一句唱腔唱的"三板"，周老师扮演的文天祥唱得字字有力，声音高昂而浑圆，刚健优美，有气贯长虹之势。"改"字拖长四拍，音阶提高，真是余音绕梁。这一腔起到了充分展示文天祥崇高精神境界的作用。最后一句，文天祥唱得斩钉截铁，声音洪亮，感人肺腑："名教中有乐地我今才来。"接着安排了一个哑场，台上无声，文天祥端直身躯，迈着缓慢的错步，从容不迫，以身殉国。周老师通过唱、做，把文天祥的情绪表现得淋漓尽致，观众热泪盈眶，掌声不绝于耳。

周继培在学习贾培之老师用腔的基础上，通过细心揣摩，讲究"字正腔圆"和"曲情"，并根据自己嗓音的特长，做出了一些新的艺术处理，使自己的嗓音更有力度和韧性，丰富了自己唱腔的艺术表现力和感染力。正是有这些基本功的积累，他塑造的人物形象才会如此的准确、细腻、传神，才能带给人们美的享受和心理慰藉。

### 四、传承不辍

周老师是当代川剧生角表演艺术的代表人物，他以过人的天赋和创新精神去认真钻研川剧艺术，他在继承川剧传统的基础上，又借鉴扬琴、京剧的唱腔，最终形成了独具特色的高亢激越、韵味无穷的声腔，同时他不遗余力、一招一式地培养年轻演员。从1979年起，周老师担任四川省川剧学校重庆班的教师，他因材施教，诲人不倦，为川剧事业培育了众多青年人才。周老师培养了熊焕文、刘卯钊、官光莉、沈铁梅、张宁佳、曾桢、钟斌、李秋萍、王娅、熊宪刚、何玲、陈小红等优秀演员，传授了自己独树一帜的唱腔艺术和表演的经验、技巧，为川剧的传承和发展做出了重要贡献。

# 明清时期重庆美术叙事
## ——《重庆美术史研究(1500年代—1800年代)》编著记

朱澄

（重庆美术馆）

【摘要】重庆至今没有一部系统的本地美术史籍,前车之鉴匮乏。鉴于此,"重庆美术史研究(1500年代—1800年代)"课题研究者历时多年,查阅大量地方史料,对明清时期重庆地方美术进行了挖掘与梳理。本文阐释了该课题研究者在这个过程中的一些研究思路,以期抛砖引玉。

【关键词】重庆;美术;明清;美术史;叙事;研究

## 序

重庆至今没有一部系统的本地美术史籍,前车之鉴匮乏。鉴于此,"重庆美术史研究(1500年代—1800年代)"课题研究者历时多年,查阅大量地方史料与博物馆资料,对明清时期重庆地方美术进行了挖掘与梳理。将课题研究成果编著为四卷七册著作,这四卷分别为1500年代—1600年代、1700年代、1800年代以及附录;除附录外,每个部分包含了"人物"、"作品"和"记事",整理文字量一百万字左右,图片千张左右。本文阐释了该课题研究者在这个过程中的一些基本研究思路,以期抛砖引玉。

### 关于重庆的地域划分

研究重庆美术,首先需要确定的是重庆的地域划分范畴。

重庆史称巴郡城(江州城),今渝中区长江、嘉陵江汇合处的朝天门附近,为史载重庆建城之始。此后,因渝水(嘉陵江下游古称)绕城,改称渝州,又称巴渝。后又为重庆府(重庆路),直到正式建市。所辖地域与四川等周边地区历经多次相互交叉更替变化。

本课题研究所确定的重庆之地域划分,乃以当前定义的重庆地区地域为准,即1997年3月14日重庆直辖市设立之时所划定的重庆地区。

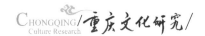

### 关于明清重庆美术范畴

明清时期重庆美术的叙事明显不同于今天。今天,绘画和书法被明晰地分为两个专业与两个学科范畴,并形成了画家与书法家两个不同的专业群体。而在明清时期,美术更多地呈现出书画并存、共为一体、交相辉映之学术面貌,是一种传统书画同构之美术叙事状态,从而也就形成了本课题研究所涉猎的关于明清时期重庆美术的范畴。

### 涉及时间与构成

自1500年代起始,到1800年代结束,这是本课题研究的时间段。

虽然以具体的时间段来进行划分,但历史中不少人物与事件不仅仅是局限在某一个时间节点。其间的人物、作品、记事等,常常有在时间上的跨越、穿插和交织等情况。

所以,对于"人物""作品""记事"等,以研究者掌握的年代线索为依据,进而划分进相应的时间段。但为了记录的完整性,其内容往往有时间跨越与穿插的情况。

### 关于美术家

该课题研究的明清重庆美术家是指当时重庆本地的优秀书画家,亦包括入渝多年为重庆美术做出贡献的书画家以及在其他地区的重庆籍优秀书画家。

明清时期重庆地区不少美术家的生平与相关事迹记载,完全不同于现在美术家传记。他们中以书画艺术作为职业的专业美术家并不多见。在那个特定时代,凡在书画艺术方面有造诣并取得成就者,多为有一定社会地位的文人、官员,这也正是中国传统文化中"学而优则仕"的具体体现。因此,在他们的生平、记事中往往涉及不少美术之外的元素,这也还原了那个时代美术家的面貌,使其形象更加丰满。同时,在绘画之外,他们普遍还有工书善诗这一显著的特点。

客观呈现,还原历史本来面貌,这是本课题研究者的基本思路。

### 明清重庆美术基本风貌

本课题研究涉及明清时期重庆地区的传统书画创作。其中师法自然、承袭传统、开放多元是当时比较突出的一种艺术风貌。

### 师法自然

艺术家的风格、探索和成就,往往与特定的地域与自然环境分不开。

明清时期重庆书画家生活在巴渝这片有着大山与大川的环境中,又沐浴在酷热与潮湿气候中。在巴渝这个特定的自然环境的长期熏陶下,他们既有像山一样顽强、如火一般热烈的坚忍艺术精神,又有滔滔长江东逝水的柔情笔意,从而形成了师法自然所特有的传统艺术精神与气质。

## 承袭传统

巴渝文化源远流长,早在商代晚期和西周时代,生活在长江上游巴山渝水的巴人便创造了丰富多彩的巴文化。

上承唐宋技艺,近取清释破山(栋宇)、龚晴皋(有融)、饶其寅(亮甫)和释竹禅等诸家之长,又受重庆宗教石刻、民间艺术的影响,同时严格承袭与推崇传统中国画的笔墨功夫,以深厚的功力、苍劲婉转的笔法,形成豪放潇洒、厚重精致的画面,并严格秉承诗、书、画、印合而为一的传统文人画形式,由此形成的明清重庆书画家群体是一个严格追随传统中国画技法体系的群体。

## 开放多元

秦代以降,直至20世纪50年代,共有七次大规模的移民进入巴渝。重庆以它特有的地缘位置,在中华文明历史进程的大变迁中成为文化聚集地与交汇点。

明清时期,置身中华文化的重庆书画家群体,由此形成了一种开放多元、海纳百川、兼收并蓄的文化特征,这无疑也使重庆美术变得多姿多彩。

## 明清重庆美术家案例

破山(1597—1666年),号海明。俗姓蹇。重庆梁平双桂堂之开山祖师,能诗善画,尤善行草,用笔率性自然,线条酣畅淋漓,使转自如,气势连贯,充溢着鲜活的气息与勃勃生机,所留墨迹也为后人所珍藏。

龚有融(1755—1831年),字晴皋,(重庆)巴县人。乾隆四十四年(1779年)举人。精书,善泼墨画。以绘画、书法名于世,以至在川渝民间一度流行"家无晴皋画,必是俗人家"之说,有"巴渝三百年来,极高逸文艺之誉者,有融一人而已"之说。所作山水、石、树、竹等,常是他居处风光,而竹、石、树则是其生活常见之物,充满山野情趣,没有隔世之感。但求写意,不求工细,但求神韵,不求形似,宁失之粗犷,亦不媚俗,是晴皋绘画的基本特征。

刘敦山(1811—1887年),名秉堃,字少昙,别号樗北叟,晚年称樗叟。居四川万县(今重庆万州)城内昙花寺。多才多艺,诗书画刻全才。其画路很宽,山水、花鸟、人物无所不精。师法黄大痴、倪云林、沈石田、石涛、八大山人等大家。崇拜金冬心、郑板桥等的创新精神。其画作"流播燕都,识者皆称超逸有远致"。

竹禅(1824—1901年),梁山(今重庆梁平)王氏子,避难出家。清代闻名遐迩的画坛大师,擅长人物、山水、老树、竹石、花卉等,画风自成一格、笔力遒劲,其题画诗亦佳,多为禅机佛语,堪与"扬州八怪"媲美。曾为慈禧太后作画。其书画作品收入《海上墨林》《韬养斋笔》《益州书画录》等书中。著有《画家三昧》六卷传世。

杨建屏（1837—1921年），重庆忠县人，字裕勋，善画荷。清代荷花国画大师。先后任四川涪州（今重庆涪陵）、四川江津（今重庆江津）教谕。"少时家境寒伧，勤奋苦读，酷爱书画。"对人物、山水、花卉、翎毛均有造诣，画荷生动，时称"杨荷花"。工书法，近董文敏，颇秀润。著有《荷花画谱》《临画禅室随笔》。

## 结语

重庆美术以历史悠久的巴渝文化为依托，特定的历史时期与人文风貌，本土的山水与气候，铸就了明清时期的重庆巴渝美术叙事师法自然、承袭传统、开放多元的艺术风貌，值得我们很好地挖掘、研究与弘扬。同时，尽管该时期不少美术家都不是我们现在意义上的专业美术家和职业美术家，他们在书画艺术上的学术成就与艺术造诣，却让人难以望其项背。

作为巴渝文化的组成部分，明清时期的重庆美术是重庆美术发展历程中先贤留下的丰厚美术资源与书画矿藏，亦是巴渝美术的又一底蕴之所在。

**参考文献：**

[1] 重庆市教育科学研究院.重庆历史[M].重庆:西南师范大学出版社,2015.

[2] 王尔鉴.巴县志[M].刻本.重庆:1761(清乾隆二十六年).

[3] 福珠朗阿.江北厅志[M].刻本.重庆:1844(清道光二十四年).

[4] 朱澄.论巴渝书画家群体[G]//重庆市文化艺术研究院.重庆文化研究.重庆:重庆出版社,2015.

[5] 道坚.破山禅学研究[M].北京:宗教文化出版社,2008.

# 从抗战时期重庆《新华日报》刊登的美术作品看其公益精神与社会担当

朱 江

(重庆出版集团)

【摘要】本文通过梳理抗战时期重庆《新华日报》在文化美术出版方面的积极作为,体现特殊历史时期,《新华日报》基于出版这一传播主体而传达出的民族公益精神和时代社会担当的出版态度与出版品格。

【关键词】抗战;出版;《新华日报》;文化美术;公益精神;社会担当

## 高举抗战文化大旗的公益精神

抗日战争时期,大后方先后出版报刊2000余种,在中国人民抗击日本帝国主义的那场波澜壮阔的战争中,发挥了重大的作用。

其中,重庆《新华日报》无疑是一颗耀眼的星星。《新华日报》社于抗战期间迁往重庆,《新华日报》在周恩来的直接领导下积极宣传中国共产党的方针政策,宣传全面抗战和持久战的纲领路线,最高日发行量曾达到5万多份,被人民群众誉为"茫茫黑夜中的一座灯塔",成为中国共产党推进抗日民族统一战线的有力工具和沟通外部世界的一个重要窗口,被称为八路军、新四军以外的"另一方面军"。

《新华日报》强化自己的公益精神与社会担当意识,体现在在中华民族面临生死存亡的关键时刻,毅然高举起了团结一致的抗战文化大旗。

举一个比较典型的事例:1945年2月22日,重庆《新华日报》刊登了《文化界对时局进言》,要求召开临时紧急会议,商讨战时政治纲领,组织战时全国一致政府,以及陪都文化界知名人士312人的签名。《文化界对时局进言》全文及文化界知名人士签名的发表,体现出的《新华日报》之民族公益精神,震惊了全国文化界,震慑了国民党统治者,极大地宣传了抗日民族统一战线,唤醒了广大人民群众,为抗日战争的最后胜利做出了重要的贡献。

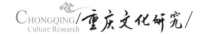

**对抗战美术积极作为的社会担当**

抗战时期以重庆为中心的大后方,无疑是中国现代美术历史进程中一个特殊而辉煌的驿站。在美术史料的记载中,我们可以清晰地看到,重庆《新华日报》对抗战时期的美术出版做了大量的工作,为抗战美术的公益性出版当做出了巨大贡献,体现了《新华日报》的民族责任担当。现按照时间先后顺序,罗列部分如下。

1940年3月,《新华日报》刊发了江丰的文章《鲁迅先生与新兴木刻运动》,卢鸿基《从能力的话说起》(美术时评)。同年6月1日,《新华日报》"抗战漫画"复刊号第13期出版,刊载的作品有叶浅予的《谒陵》、杨诃的《小人龟变》、张光宇的《出头日子到了》、黄茅的《高不可及》、特伟的《团结!团结》、宣文杰的《挑拨离间》、廖冰兄的《宪政运动》、王语冰的《狡猾与恋爱》、梁中铭的《五月的鲜血》、赵望云的《成渝路上》、戴谦的《废墟建设》、张文元的《反侵略》、陆志庠的《抗战的苗胞》、周今剑的《伙夫头》等。8月3日,《新华日报》文艺副刊第14期推出鲁迅先生六十诞辰纪念特辑,刊登了潘梓年的《"中国文化革命的伟人"》、罗荪的《自觉的声音》等文章。9月1日,《新华日报》刊登"中华全国漫画界抗敌协会第十四期《抗战漫画》出版"内容,其中包括叶浅予的《明日中国——连环画》《东西新秩序的一课》、廖冰兄的《炸的面面观》、张谔的《纸弹攻势》、张光宇的《飞石子与配玻璃者》《所谓新党运动》、张文元的《救不了别人,救不了自己》、陆志庠的《日本内幕》、王语今的《废物利用》、朱金楼的《桂南战争》、刘元的《桂林风景甲天下》、未林的《封锁与对策》、黄茅的《蛋》、露德的《喵!中国是这么大的?》、杨诃的《傀儡近卫的再登台》等。10月19日是鲁迅先生逝世四周年纪念日,全国各地为纪念伟人举办各种文艺活动,《新华日报》分别于19日、20日刊载了重庆文艺界纪念鲁迅先生的文章,如陈烟桥的《鲁迅怎样指导青年木刻家》等多篇文章。

1941年5月8日,《新华日报》与其他报刊一起刊载了梁寒操、郭沫若、黄炎培、章士钊、辅成、沈尹默、江庸、汪旭初、江恒源、沈钧儒等发起成立"友声书画社",以所得润资,捐助军人家属,并在生活书店内陈列作品展出的消息。

1942年1月,《新华日报》刊登《中国木刻工作者致苏联木刻家信》。同月,《新华日报》发表丁迈的《绘画与木刻的新阶段与新任务》一文。6月9日,发表《中苏文化》季刊第二号目录,内有廖冰兄的《香港的受难画展中的作品》。同月13日,《新华日报》载:应浙江同乡会之请,丰子恺于上月29日、30日、31日在乐山举办画展,二成用作赈灾。

1944年1月31日,《新华日报》刊载王琦《文艺复兴时代的三大画家》。4月1日,叶浅予的《眼花缭乱的印度》,狄帆诗、丁聪的《沦陷后的香港》等在《新华日报》发表的《天地画报》(新一号目录)刊载。同月24日,《新华日报》载,兼善中学全体师生,为响应各地发动北碚献金运动,本月十七日在本校举行献金大会,并请名画家到校演讲,附带其代表作和欧洲名画百余幅展览。献金数目达15万元以上。6月8日,《新华日报》发表《中华全国文艺界抗敌协会向全世界反法西斯作家致敬书》。

1945年9月16日,《新华日报》发表常任侠的文章《司徒乔画展与中国新艺术》。

除了宣传抗战,重庆《新华日报》也对文化学术动态给予了积极的关注。比如1942年6月9日,《新华日报》发表了傅抱石的《中国篆刻史论略》;1944年6月9日,发表了傅振伦的文章《敦煌艺术论略》等。

## 结语

在那个烽火连天的岁月,重庆《新华日报》毅然高举抗战文化大旗,出版了一大批抗战美术作品与相关文章,对号召、鼓舞全国民众团结抗战起到了积极作用,充分体现出其在民族危亡时刻的高度责任感,为中华民族的抗日救亡运动做出了重要贡献,亦塑造出了一个中国出版史上公益精神与社会担当之典范。

今天,我们每一个文化美术出版工作者应该继承与发扬抗日战争时期中国共产党领导的重庆《新华日报》这种光荣传统,继承与发扬其强烈的民族责任感。只有这样,才能不愧于我们这个伟大的时代和伟大的民族。

**参考文献**

[1] 熊复.中国抗日战争时期大后方出版史[M].重庆:重庆出版社.1999.

[2]《新华日报》用新闻之光照亮黎明前的黑暗[N].重庆:重庆日报,2011-07-05(2).

[3] 宗贤.关于抗战时期大后方美术研究[J].美术观察.1999(4):56-60.

[4] 龙红,廖科.抗战时期陪都重庆书画艺术年谱[M].重庆:重庆大学出版社.2011.

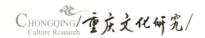

# 秦山高诗歌特色初探

袁代奎

(重庆市忠县政协)

　　自光绪九年(1883)始,曾国藩门下"四大弟子"之张裕钊、吴汝纶主持直隶莲池书院多年,弟子甚众,开创了桐城派的一个新支脉"莲池派",在清末民初的政坛、文坛都很有影响。莲池派彦哲秦山高因去世突然、子女幼小等多种原因,其著作几乎散失殆尽,一代英才乃至湮没无闻。笔者拟就其《羊鸣山房感知诗》《燹余吟草》《秦良玉传汇编初集》等专集和在晚清、民国时期报刊上搜集到的数十篇诗文,谈谈自己的读后感想,初探其诗文特色,作为引玉之砖,期盼为进一步发掘文化遗产、弘扬忠县地方文化助一臂之力。

## 一、秦山高诗歌的人民性

　　秦山高(1880—1943),原名嵩年,号太岳,1910年在杭州遵从进士、浙江巡警道杨士燮的建议,改名嵩、字山高。忠州(今重庆忠县)新生人。是明末爱国女将秦良玉之后的第十一代后裔,从小受宦游京津的父亲秦家械(1847—1921)庭训,十余岁入读保定莲池书院,为桐城派巨擘吴汝纶高弟、莲池诗派贤俊,又问学于大诗人范当世,学诗于李刚己,衣钵相承,陈三立赞他"学杜之健儿也",劳乃宣称他"大集学杜,卓然成家。古文规摹桐城,宜能井井有法"。秦山高十八岁毕业后执教于北洋大学堂,1903年秋应奉天东边兵备道尹张锡銮之聘,担任其幕僚。张对他深为赏识,十分信赖。1904年日俄战争爆发,张锡銮命他迅速离开凤凰城入关。沿途他目睹日、俄军暴行,写下《由凤皇城避兵入关道中感怀》,抚膺长叹:"海风吹雨暗长天,寂寞关河绝可怜。最是伤心看岭路,柴车络绎入云边。""棋到将残局又更,竟甘壁上作闲兵。陆沉莫问谁家物,大好河山赌一枰。"这组诗描写了日俄战争给中国百姓带来的无穷灾难,深刻揭露了满清政府的腐败无能,发表于《大公报》后引起一时轰动,秦山高的才学识见逐步为世人所认识。

　　秦山高作为吴汝纶高足、李刚己弟子,尽得其真传。他力学杜诗,被陈三立誉为"学杜之健儿",为诗其格律、声色、神理、气韵,均出入李、杜、苏、黄四家,尽得其神似,其律诗、绝句、古风无不工,其诗挟浩荡之气、渊穆之神、精微之思,出以坦荡质直之词,具有沉郁悲凉而语重情长、高古苍茫又酝酿深细的诗风;工于用典,巧于对仗,意境老澹高远,反映现实,忧国愤时,情系民瘼,意深力厚;内容大多是反映当时的社会面貌,题材广泛,多抒发他悲天悯人的仁民爱物、忧国忧民情怀,充满着人民性。当年四川《民报》主笔、诗人陈光绩(字庶咸)读秦诗后赞评"诗卷尽成秦本纪,词坛高树汉家旗"。

### 1. 感事诗

秦山高对祖国无比热爱,关注国艰,是一个坚定的爱国主义者,其诗有强烈的现实主义精神。腐败清王朝统治下的中国,山河破碎,国力孱弱,帝国主义虎视鹰瞵,民族危机空前严重。他亲历了甲午、戊戌、庚子之变,目睹兵燹之下民不聊生的惨状。因之诗多为忧国忧民、愤世嫉俗之章,悯时伤乱、蒿目时艰之篇。1900年,八国联军发动侵华战争,攻入天津、北京,奸淫烧杀抢劫,给中国人民带来了深重的灾难。此后,清政府被迫与列强签订了丧权辱国的《辛丑条约》。1901年秦山高到京目睹外国军人耀武扬威,横冲直撞,京城满目疮痍,百业凋零,悲愤地写下四首《庚子乱后重入都门有感》:"历历昆明劫后灰,沧桑满目是邪非? 楼前翠凤今仍舞,阙角苍龙故未飞。喋血几人悲往事,重瞳长此望清晖。明时小警浑无恙,天宝兴元一例归。"此诗收结尤隽绝。赋十首《初冬感怀兼寄诸子》,"……壮士无归剑,贤王有废台。一千年外恨,重与问蒿莱","胜国销王气,熙朝烂帝星。兴亡眩桑海,天险亦阶庭"。又《重九》"良辰不醉菊花杯,触眼流亡百感来。帷幄中朝无借箸,烽烟辽海有飞灰。长安棋局朝朝变,绝塞笳音处处哀"。 海水群飞、铜驼含泪、新亭之泣、夕阳之象、沧桑之变,这些痛亡国之恨的词频频出现在他的诗中。"铜驼易滴荆榛泪,玉尘犹多庙社谈","石马有灵应助顺,铜驼无语但含哀","行过国门一微叹,铜驼看尔在荆榛","海水群飞暗帝乡,……频年国步幻沧桑","鼙鼓临坛惊大将,戈船横海听悲笳。劫灰一忆昆明火,惨惨鱼龙水上哗","回首神京频北望,可怜金阙障黄埃",诗中弥漫着世乱时艰、大变将至的危机气氛,表露出诗人深深的关心时局国运、国计民生之情。

1904年的日俄战争使东北人民特别是辽阳人民遭受了巨大的损失,许多百姓惨遭屠戮。腐败无能的清政府竟置身事外,把国土让给日俄作为战场。秦山高亲历了这场战争,写下了如"兵骨纵横草不春,辽阳风雪见惊尘"这样的诗句。他沿途目睹日军暴行,赋七绝《由凤凰城避兵入关道中感怀》,记录了沿途所见所闻,"最是伤心看岭路,柴车络绎入云边","残阳忍照汉山河,……沾衣也解涕滂沱","浑河浩浩声如沸,似为流民诉不平","士女七千齐饮血,黑龙江上有悲风","匪居亦有溺饥怀,不及嗷鸿触眼来"。讥日俄战争时清政府"竟甘壁上作闲兵",怒斥卖身投靠甘当汉奸,为虎作伥的翻译"久逐腥膻与俱化,汉衣汉种吐蕃心"。国家的危难使他心痛得流泪,他的诗歌渗透着爱国的血性。

秦山高始终关怀着国家命运,他针对官场的腐朽没落和时弊,作七绝《庚戌感事诗十首》,其一曰:"宏规尽取九畴精,独有稽疑未遽行。毕竟太平须粉饰,庶民不问问公卿。"《醉中成咏史十首》,其三曰:"新法公然利薮专,脂膏已竭壑难填。崇观诸老安荣甚,受俸还添食料钱。"日俄协约成,朝廷复议联美,他用东施效颦的典故讥讽道:"海国连衡局又迁,蜃楼千尺幻云间。夷光哪有颦堪效,照镜东施影自怜。"战争在即,而某大吏忙于大办婚事,他赋诗句嘲讽:"满城楼阁送斜阳,宫殿巍峨草尽荒。

彻耳胡笳声四起,将军犹自谱求凰。"

1912年11月,沙俄与哲布尊丹巴非法签订《俄蒙协约》,消息披露后,举国愤慨。秦山高作《往者》以咏边事:"消长岂非关国运,醉醒真欲问天梦。海隅一掬苍生泪,洒向寒烟夕照中!"

秦山高对大敌当前仍醉生梦死、纳贿鬻权的高官们深恶痛绝,在诗中对其进行无情揭露、讽刺、批判。如《初冬感怀兼寄诸子》"蜗角纷蛮触,辽东急鼓鼙。传烽三塞北,喋血五陵西。剑待朱云请,图难郑侠题。群公正高梦,得失等虫鸡",《郊外瞩目》"衮衮诸公甘肉食,不知菜色满郊墟",《庚戌感事诗十首》"纳粟西园尽拜官,当年尺一满长安",纳粟即清末盛行捐纳钱粟买官,西园指慈禧太后垂帘听政常住的养心殿西暖阁,尺一亦称"尺一牍",为天子的诏书。慈禧太后大肆卖官鬻爵,上行下效,各级官吏拼命聚敛财富。《辛丑条约》规定:中国向列强赔偿白银4.5亿两,年息四厘,限期39年,本息共计9.8亿两。秦山高赋诗抨击道:"九府泉刀不断流,年年涓滴往欧洲。谩嗟仰屋司农困,皇甫能为削俸谋。""北庭金币岁犹输,还忆燕云旧土无。乐寿驿中人逝久,可怜坛坫注全孤。"讽刺谏官们的不作为"梅阳山上老人归,仙仗阴阴万马肥。岂是虚糜三品料,圣朝无阙谏书希",慨叹"朱邸只今多碧玉,燕台从古重黄金。飘零壮士填膺愤,拓落名流抱膝吟"。

秦山高心系国家兴亡,以救国为志向,目睹清廷如此腐败的朝政、民族危亡的现实,他对清王朝彻底绝望,强烈的爱国主义思想促使他走上变法维新、改革图强之路。他在《辛亥暮春杂感》写道:"万口联邦夸北美,几人推幕效西乡。英雄有价终流血,天地无情枉断肠。国步连遭空叹息,民权泮涣足悲伤。五朝六十年间事,划地输金忍淡忘。"他白眼冷对责任内阁总理大臣之争,讥评道:"秋枰一局谁消长,蟋蟀高堂几斗争。自笑年来真傲鹤,已无长揖到公卿。"表示自己不再长揖拜公卿王侯,与清王朝决裂,不再热衷立宪、宪政,转而大声疾呼民权、共和。辛亥革命成功,中华民国成立。秦山高兴奋地赋《民国元年元旦》《南都即事》等诗章,高歌"八海同春日,千年复旦晨","日月还黄帝,乾坤拱汉京。万年新历数,八海大升平",讴歌中华民国的诞生和新政府的成立,"建宅龙盘虎踞中,威仪重睹汉官风。……日月光销兵气尽,乾坤秽扫帝图终","玉敦珠盘百日间,汉家光复旧江山。西欧北美都难并,功盖重瀛水四环","飘扬五色画旗鲜,国庆从今不计年。扫却四千年旧制,年年化日与光天"。

秦山高诗多次写到忠州,写到故乡,有深厚绵长的故乡情结。其寄赠族叔秦家穆七律诗曰:"舰稜一别梦魂长,十载临安未足伤。……何日藤枝吸春甕,岷江同我系归艎。"《喜晤家少白叔》诗曰:"明年倘践同归约,鸣玉溪边弄钓艎。"足见鸣玉溪在他心目中的分量之重,他对故乡的感情之深。忠县有黄花府旧城(即皇华城),他为之写道,"一别黄花府,朝朝望眼穿。山川自辽远,风雨总缠绵","一别黄花府,桑瀛十载看。山河金一寸,日月玉双丸"。诗句抒发了作者因生逢乱世长期客居他乡,才能不能得到施展而产生的思乡之情和怀才不遇之忧,表现了作者对动乱时局的忧虑和对国家和平富强的希望,也倾吐了自己渴望施展抱负、建功立业的心情。"蔓子台高草棘荒,千年古国吊堂堂。屏山字水非痴物,小市孤城是吾乡。"诗人以简洁明快的笔调,写出了忠州的历史和自然风貌,表达出其对家乡深厚真挚的感情。

### 2.书愤诗

秦山高深受其父秦家械的影响，少有大志，以匡时救国为己任，他"少从名师，粗知大义，尝窃慕文天祥、史可法之为人，遭遇时艰，慨然有志，庚子之变几死匪窟，既而粤西用兵，辽东观战，身临目击，忧患饱经"，履历丰富，壮志难酬，所以，在诗中常常抒发这种感情，书愤抒怀。"马周懒作常何客，阮籍新从广武回。翔伏只今纷利薮，浮沉从古屈英才。……寄谢陶然亭上壁，笼纱原不羡抡魁。""壮志腾腾宁有著，清愁脉脉正无聊。虚堂兀坐成孤笑，寂寞杨雄自不遭。""曲法坑人步步难，鲰生今已误儒冠。便应涸辙甘鱼困，肯把明珠对雀弹。""惯扶羸病走关河，赢得新诗箧衍多。……惆怅流年又秋水，跳丸日月疾如梭。""烟云富叉手，兵甲郁蟠胸。自赞元戎幕，争传比屋封。"他怀才不遇，"肯献连城宝，翻为散栎材。嶙峋见奇骨，沈滞惜高才"；叹息"诒祸悲王衍，垂功望李晟。腐儒有底用，愤欲请终缨"，"报国羌无路，怀人剩有诗。……西南弥万里，回首一长咨"。再如"玩世颇多微中语，持躬不受傥来靴。新诗别后知工绝，旧德年来叹式微"，"十载燕吴仗剑游，西还今喜作虚舟。化衣香土犹摇梦，照鬓晴江已洗愁"，"岂谓忠言多逆耳，翻教直道不容身。车中载苈情谁谅，笔底生荆事有因"，"高天尚自沉沉醉，远海犹多郁郁飞。磨剑十年成底事，屠龙回首寸心违"等诗句，诗意悲凉，是逆境人生的感怀之作，极为含蓄深沉地表述了他怀才不遇、报国无门、心系苍生的为民情怀和对命运的深深忧患。

### 3.吊亡诗

秦山高还写了不少感激知遇之恩，感激知己的感知诗和吊亡诗，凝聚着他对友人的深情厚谊和伸张正义、报国救国之情。如感怀陈开炽(字锡昌)的"公亡更少知音在，谁顾焦桐爨下材"，感怀杨士骧的"太息奇章魂早逝，如公知我更无人"，感怀沈桐的"两度河阳入礼罗，不才当日受恩多。箧中剩有江南句，手检遗文涕泪沱"等。1912年4月，安徽光复的主要策划者之一、青年军总军监韩衍在同安岭被人暗杀，他赋七绝《哭韩耆伯》六首以悼念："到眼青磷几国殇，神州无地不沙场。天荒地老人心在，聊与哀歌吊混茫。"8月15日夜，黎元洪假手袁世凯杀害武昌起义重要将领、前湖北军政府军务司副司长张振武和湖北将校团团长方维。秦山高赋七绝四首，悲怆写道，"纵横缇骑太仓皇，夜半横尸事可伤。太息百身无可赎，苍天歼我万夫防"，"刘邦有意诛韩信，张浚安能恕曲端。青史他年归一例，凄凉留与后人看"。以汉高祖刘邦对功臣韩信、南宋统帅张浚对名将曲端以"谋反罪"杀害之典，怒斥黎、袁。秦山高与宋教仁是莫逆之交，他视宋为管仲那样的大贤才。宋教仁被刺殉难后，秦山高主张严查凶手，写了挽联和大量哀悼诗文，深切悼念宋教仁。如《癸丑秋感》："大侠幽燕窟，高文齐鲁乡。人方推管仲，士不见田光。岂意青蝇吊，翻令黄鸟伤。白龙游海上，孺子手能戕。"《下关楼望追怀渔父》："夕阳如血照江关，乱世天公亦惨颜。……林肯麦来今已矣，哀歌一为吊人寰。"1914年秋又写了《当年》："兵力共惊边骑满，人才亲见阿龙超。〔自注'谓渔父'。〕十旬事业空千古，两院规模定一朝。"汇为《哀宋集》，寄托哀思。

#### 4.丧乱诗

秦山高"少从名师,粗知大义,尝窃慕文天祥、史可法之为人,遭遇时艰,慨然有志,庚子之变几死匪窟,既而粤西用兵,辽东观战,身临目击,忧患饱经"。所以他的诗作有不少是反映战争及其给民众带来的灾难的"丧乱诗",如"满目疮痍痛鼠牙,西风吹恨一长嗟。鱼龙在水波方冷,豺虎当关路未涯。王粲有家留废井,张骞无路觅灵槎。晚云红遍笳声起,莽莽荒原日又斜"(《沽上秋感十二首》其一),有着极高的艺术概括力,情感真挚,广泛而深刻地反映了国破家亡的现实,具有诗史的意义。1914年7月讨袁的"二次革命"失败,9月1日张勋率"辫子兵"攻入南京,大肆进行抢杀淫掠,有妇女被逼跳河自尽,南京繁华的下关被烧成灰烬。秦山高时在南京,亲历兵燹,深受其苦。面对民众的惨境,他欲哭无泪,痛心疾首地赋诗道:"历历群龙斗,眈眈九虎存。虹为贞士魄,虫是小人魂。兵过无完室,天高有覆盆。渡江戎马迹,隐隐尽啼痕。""半夜三才发杀机,昆阳万瓦奢风雷。啾啾白骨兵中鬼,隐隐黄金劫后灰。十里楼台今烬矣,百年生聚亦艰哉。千秋应有词人过,凭吊遗墟雪涕哀。""无端又赋金陵别,行李严关戒路时。千里称兵袁绍檄,一生遭乱杜陵诗。""江湖满地渔翁老,烽火连天旅客愁。豺虎纵横仍出没,鱼龙偃仰自沉浮。""江关一炬等咸阳,瓦砾荆棘满目荒。""南朝一片风流地,战鼓无端入耳来。有客淹留情未厌,何人割据事堪哀。""宁有蛇龙膏血战,更无鸡鹜稻粱谋。鲰生一掬宗邦泪,愿借西风洒北流。""天荆地棘中原困,虎倒龙颠大陆悲。纵有遗黎犹荡析,宁无乐土亦阽危。""流民泪与贞媛魄,奈此骄兵悍将何。太息穷檐生意尽,吮余膏血已无多。"作者对草菅人命的暴兵表达了难以遏止的愤慨,给予了无情的抨击。

秦山高反对外国侵略中国的不义战争,希望国家强大,打败侵略者,歌颂正义战争。1894年8月甲午战争爆发,10月日寇越鸭绿江入侵中国,连陷安东、九连城、凤凰城、宽甸等东边道城镇。1895年2、3月,东边道道员张锡銮督率七营定边军,联合乡团,兵分三路,收复宽甸、长甸、金厂、长冈等城镇,年仅十五岁的秦山高闻捷写下七律《渡辽》:"千里寒沙簇路黄,萧然行色冷如霜。坚冰有路堪驱马,衰草无人解牧羊。味劣自怜中酒薄,装轻未觉下程忙。渡辽老将功名在,旅夜犹闻说李唐。"1907年,东边道道员钱绍云赴任,秦山高为之饯行,赋诗寄予厚望:"夕阳无限嗟残照,海水群飞感逝波。愧我飘游避地少,祝公经济救时多。"辛亥革命成功,民国建立,他希望强国强军,赋诗道:"神皋莽莽眠狮醒,天堑堂堂战马肥。安得健儿三万骑,横行沙漠将如飞。"1913年,第一次世界大战前夕,国际风云激荡,局部战争此起彼伏,中国北洋军阀政府调兵云集山东境内,准备收回德国在山东胶州湾和青岛的租借地。他闻讯兴奋地写道:"掀海横流水有群,决决龙虎各风云。珠盘白马盟将弃,乡壤连鸡势欲分。一百年来无此战,二千里内有吾军。神皋万族疮痍满,火戢骄兵忍再焚。""一百年来无此战"指欧洲自滑铁卢大战后已将近百年;"二千里内有吾军"就是指政府调兵云集山东境内之事。他希望正义的战争能够获得胜利。

## 二、秦山高诗歌的艺术性

秦山高关心民生疾苦的思想和认真学杜创作律诗所取得的成就,达到了很高的水平。所以,陈三立题词评《太岳诗钞》道:"才奇而气横,铸成伟句,直欲掷地作金石声,学杜之健儿也。"因秦诗有"旗鼓词坛推健将"之语,故回他以"学杜之健儿",对他推奖甚至。劳乃宣赞道:"大集学杜,卓然成家"。宋育仁评论道:"少作五七律,情韵殊胜;中年格律,道上一变而为沉雄悲壮之言;七古篇虽不多,得开阖排奡之势;五古太少,……国学日微,所望多裁古篇宏我国风,规于雅颂,为后来领袖跂予望之矣。"秦山高学杜诗,也像杜甫一样用律诗反映当时社会的重重矛盾,慷慨激昂。律诗在他诗中占有极重要的地位。他以律诗写时事、咏怀、应酬、羁旅、宴游、山水,用律诗写时事,字数和格律都受限制,难度更大,而他却能运用自如。把律诗写得纵横恣肆,极尽变化之能事,合律而又看不出声律的束缚,对仗工整而又看不出对仗的痕迹。不仅在当时就获得了广泛赞誉,而且至今读来犹觉独具美感。

### 1.五律、五绝最得少陵神理

秦山高的五言诗最得少陵神理,如《辽阳道中遇雪》:"东风有何恨,吹玉满田畴。匹马自青眼,千峰皆白头。路遥人类鹜,村小屋同舟。万里辽阳道,春深悔壮游"。首联、尾联用流水对,颔联、颈联用并肩对。吴闿生评道:"起四句生新。"《初冬感怀兼寄诸子》十首之一:"佳气浮葱郁,全燕入望来。凿方亦周土,历劫几秦灰。壮士无归剑,贤王有废台。一千年外恨,重与问蒿莱。"这十首诗吐属英敏,清刚道上,用典贴切,对仗工整,时人评为"交游中之有诗才者"。《民国元年元旦》"八海同春日,千年复旦晨。莺花双醉眼,天地一吟身。堕石珪宁弃,沉沙戟尚新。浊流横未济,吾欲问前津。"首联、颔联用并肩对,热情歌颂了民国的建立;尾联表达了参加革命、投身民国的强烈愿望。格律严谨而浑然一气,像是巍巍高山中的一眼活泉,增添了整首诗的灵动气质,诗句如行云流水,鲜活生动。他的五绝不多,笔者仅搜集到六首。《沈阳呈镇安将军》:"塞柳行疏密,宫花蕊白红。十年重到此,尊酒对西风。""昔岁依宾馆,裘舆耀远程。兹来人不觉,行色似秋清。""长江方厉疫,六月况熏蒸。历历来时路,酸辛一拊膺。""九宇重新日,鼵田乃堕家。谁怜劫灰在,忍泪话桑麻。""贫富茫无定,循环指一弹。乾嘉怕回首,已改旧时观。""小鸟嘤求友,枯鱼泣过河。穷途仗高义,一为转阳和。"篇章短小而意蕴深长,每首表达一个意境;六首又连成一个完整的意境,欲说还休,写出了自己的经济困境,抒发了求贷的复杂情感,张锡銮阅此组诗,深明其意,慨然相赠数百金供作回川路费。

### 2.七律、七绝最具少陵神韵

秦山高的七律、七绝最具少陵神韵。如《和人题剑阁》:"拔地千寻身自稳,去天一握首容搔。东吞巴峡洪流险,西指秦川白日高。半岭鸟飞穿夕照,万松风入响秋涛。凌云健笔知谁属,唐突山灵且自豪。"全诗在声律句式上,极精密考究。八句皆对,首联、颔联都用并肩对,写出剑阁的高和雄;颈联亦并肩对,半岭、鸟飞、夕照、万松、风入、秋涛,有声有色,尾联用流水对,以凌云高山为健笔,要写巨篇,充满自豪感。严整的对仗被形象的流动感掩盖起来了,严密变得流畅。作于1912年4月的《金陵呈大总统》其三:“中原政体借前筹,上改共和下自由。一举度尧兼越舜,十旬跨美更凌欧。远扶黄汉千年裔,近报朱明九世仇。敻绝功成垂手去,辞荣谢拙意悠悠。”首联破题,如疾雷破山,革除封建制度,实行共和、自由的新政体,颔联紧承首联,颈联与颔联两联比肩对,相接相抱,从今至古,由中及外,远近相济,浑然一体,高度概括和赞颂孙中山及其领导的民主主义革命之丰功伟绩,气雄词杰,其势如虹,对仗何其工整! 尾联言“敻绝功成”不居,指孙中山1月22日宣布,如果清帝退位,袁世凯表示赞成共和,自己当即辞职,并推袁为总统。“意悠悠”蕴意无穷。全诗气格高迥,浑然天成,真是大手笔! 神韵超然,无斧凿痕,堪称脍炙千古的佳构。

秦山高娴熟地运用七绝这一体裁,咏史、怀古、议政事、抒抱负、诉幽怨、谈友情、说爱情,题材多样,精彩纷呈,是诗歌各种体式中最多的样式,名篇佳句甚多。在《秦良玉传汇编初集》、《羊鸣山房感知诗》和《燹余吟草》中,就有一百多首。如《题太保祠》:“子歌敌忾妇从戎,散尽家财更可风。当日勤王诸大帅,问谁能及美人忠。”“榲榲新庙郁嵯峨,碧水粼粼玉有波。三百年来寻故里,丰碑先已照山河。”《题玉音楼》:“桃花马上建奇功,不愧君王御制雄。珍重玉音千古在,一楼高拥白云中。”“龙章璀璨耀琅球,兵燹销沉句尚留。太息朱明无寸土,将军犹存玉音楼。”《楼外楼望月》“十里飞甍入倚栏,万灯红瞰电光寒。半空哪有神仙窟,了了青天白玉盘。”咏火车“迢遥铁轨达冰洋,疆界真能彼此忘。汽笛一声车又去,蜚烟如墨下平冈”。无一不是形象生动,意境要渺,意蕴深长,令人荡气回肠,琅琅上口,读后难忘,易于传诵。

庚戌腊月辛亥正月,秦山高念及频年知爱,追忆畴昔往还诸公,作感知诗36首。还作了《情天一梦诗》50首,为扬州云裳女史作感知诗30首,均为七绝体裁的爱情诗。“颠倒东川秦太岳,朝朝为尔呕诗忙。凌云哪有生花笔,痴向情天写艳阳。”写得缠绵悱恻,情思宛转,辞藻精丽,优美动人,诵读易记。

**3.五、七古长篇诗味浓郁**

秦山高的五、七古长篇,亦诗亦史,展开铺叙,而又着力于全篇的回旋往复,诗味浓郁,标志着他诗歌艺术的成就。秦山高的五古,笔者仅搜集到三首:1898年在天津赠张剑秋的《八极歌》14韵、1909年的《鸣玉溪夜游吊秦良玉故里》、1913年的《余购日本盆花,赋二十四韵纪之》。他的五古如行云流水,如《鸣玉溪夜游吊秦良玉故里》:“流水夜不息,沙路纡且长。丛篁漏月影,时漾银蟾光。双桥跨通津,矮屋悬崇岗。隔河见渔火,三两明菰蒋。有客携壶游,高咏声琅琅。远脱尘埃氛,何异白云乡。匪惟消烦疴,因之涤酒肠。娱游兴未极,已觉清夜央。我怀古巾帼,百战留芬芳。马革裹尸志,痛哭沧与桑。兹地即故里,千秋龙蛇藏。慨慕百世下,游人终难忘。大节照溪山,腐儒空彷徨。”菰即茭白,菰蒋即菰叶,茭白的叶子。此诗十三韵一气呵成,如行云流水,无斧凿之痕。追怀古时巾帼英雄秦良玉抗击异族侵略,“百战留芬芳”,感今时列强侵略,山河破碎,“痛哭沧与桑”,空有“马革裹尸志”,难以报国救国,“腐儒空彷徨”,表达了强烈的爱国热情。

秦山高的七古也如高屋建瓴,气势磅礴,大有太白风致。如《秦良玉锦袍歌》:“古有英雄出巾帼,沙场百战留芳烈。秦夫人与冼夫人,锦伞锦袍成两绝。就中良玉功最高,身历三朝血战劳。征播平奢不辞苦,梓乡处处歌乐土。万里勤王赴风鹤,峨眉气压凌烟阁。召对平台拜圣恩,明光冠剑羞帷幄。……竭来作为锦袍歌,锦袍千古藏山阿。新祠旧祠上下相距才百里,中有一女,聪明正直神不颇。人亡物在时未远,破碎河山又满眼。西南古国天府雄,丸泥撖我千年封。筹边已无楼属李,建学尚忆人名翁。雪山轻重有不有? 玉垒烟云空复空。我意忠魂返帝乡,天孙为织云锦裳。朝骑麒麟暮凤凰,杂环珮兮鸣铿锵。云中人兮英灵彰,倘来游乎故土,吊城郭与人民兮,知不胜其今昔之感,将终古而傍徨。"睹物思人,览古阅今,感慨万千,终古傍徨,令人叹绝。又如《秦良玉金印歌》:"金瓯已缺宝符亡,区区左海支残疆;隆武天子镇愁绝,不征儿郎征女郎。女觅封侯古未有,红颜早展擎天手。间关千里行人来,累然金印大如斗。孤臣泣血方拜嘉,八闽覆卵徒追咎。更无余地着枯旗,满眼神州陆沉久。娘子军无用武区,夫人城有闭关守。伤心不肯负前朝,浩气归空丘正首。墓田宿草回龙高,岁岁年年荐春酒。古来巾帼英雄多,两字忠贞不愧否。……我今为作金印歌,多少深情郁怀抱。思古古不闻,伤今今正扰。斜阳万古红千山,远海群飞争一岛。安得重起九原人,沥血为草《出师表》。君不见巴蜀至今妇孺亦知名,纷纷艳说秦宫保。""远海群飞争一岛"是指日本占据间岛,列强干预之事。秦山高思古怀人,感时伤今,发出"安得重起九原人,沥血为草《出师表》"的感慨。巴蜀妇孺"纷纷艳说秦宫保",发扬秦良玉毁家纾难,报国保民的精神,同仇敌忾,驱逐倭寇。吴闿生评此诗"在近代为易实甫体",富顺宋育仁评其"纵横排奡,击碎唾壶",排奡即刚劲豪宕。真是"才奇而气横",笔力矫健奔放。

**4.对仗工整,平仄协调**

"坚冰有路堪驱马,衰草无人解牧羊","不图郑国刑书滥,犹见秦台镜影寒","白璧殉蝇终有恨,明珠弹雀岂无心","北斗有芒明帝座,南风无力富神州","金天鹑首无长醉,玉剑鱼肠有近忧","尚有子黎供涕泪,已无余子继吟哦","长沙地湿河山异,湘绮楼高日月孤","微官补后知何补,孤剑吟诗且共吟","苦学无成今废矣,倦游有意亦悲夫",其对仗何其工整!

秦山高喜以数字入对,其诗中比比皆是。如"传烽三塞北,喋血五陵西","梦破珠江千舫月,心驰铁岭万林秋","日下云开双凤阙,春深雨过五龙桥","士庶已争新九宇,公孤犹恋旧三台","千年忍读沧桑史,九庙犹存带砺盟","寒云剩欲依三峡,热血犹怜照九州","黑龙故国三千里,金马前途百八盘","烟无晨夕翔千鹤,池有寒温拳二龙","九府泉刀资变化,六官法度倚权舆","万壑云深龙起陆,九霄风劲鹄摩天","光芒北斗双龙剑,文采东京五凤楼","万言倚马金虚掷,十上雕龙研罢磨","皮里一千年外史,眼中四百兆同群",等等。诗人巧妙地将数字用在诗句中,使其诗文辞生辉,情趣盎然,给人以美的享受。"一草一花都妩媚,三峰三洞久徘徊","千年日月双丸玉,万里河山几寸金","学道半生三洗髓,忧天一日九回肠",这些有数字的联语,以景喻理,使景物更加生动形象、道理更加深刻易于理解牢记,成为千古佳句,久诵不衰。

秦山高善用叠词对,每联第一、第二字为叠词者如:"去去宁无意,行行亦有词","历历群龙斗,眈眈九虎存","碌碌诸公举杯尽,茫茫百代扣槃哀"。每联第三、第四字为叠词者如:"百年扰扰人间世,万顷青青海上田","兴亡历历王侯梦,歌哭劳劳士女情","高才落落晨星在,往事滔滔岁月多","孤峰岳岳神殊朗,千顷汪汪韵最奇","狂澜浩浩将何止,倦鸟依依自不还"。每联后三字有叠词者如:"客鬓垂垂白,秋心炯炯丹","南图真烈烈,西笑转茫茫","是乡便欲徐徐老,他念都教寸寸灰","长安棋局朝朝变,绝塞笳音处处哀","青衫贮泪年年湿,白发迎愁日日生","我似江鸥仍泛泛,君如海鹤独昂昂","未免有情聊尔尔,似曾相识且卿卿",等等。叠词极富音律美,铿锵有韵,节奏明快。朗读起来,有一种大珠小珠落玉盘的感觉。秦山高诗中的这些叠词,使其诗的形式和内容达到了完美的统一,为诗增色不少。"杯深杯浅禁愁得,亭长亭短奈别何","蝴蝶草生蝴蝶舞,杜鹃花发杜鹃啼",二组叠词用得精妙,使诗的意境更为深邃,更富于艺术魅力,令人击节称赏。

秦山高常以古代人名入诗作对,从这些历史人物身上思考得失,借他们的经历聊以自慰,借这些历史人物的际遇、言论抒发自己的理想抱负和不平之气。如:"剑待朱云请,图难郑侠题","军略刘公干,文章陆士龙","有才过魏武,无地用苏秦","人方推管仲,士不见田光","屈平羞涉世,杜牧爱谈兵","杨柳风姿王孝伯,芙蓉文采谢超宗","汪汪海水思黄宪,谡谡松风见李膺","将才严武关轻重,军略韩雍贯古今","栖凰日下荀鸣鹤,寄雁云间范彦龙","杨雄早荐河东赋,郭泰频回海上舟","帷幄张良精策画,江湖庾信老文章","投书敢效唐韩愈,退党终惭汉范滂","漫天风雪袁安卧,满地江湖杜甫归","田园略似陶元亮,婚嫁难抛向子平","长安争讶唐衢哭,广武谁怜阮籍狂","张仪玩世空存舌,李贺裁诗尚呕肝","西川才女薛洪度,南国佳人盛小丛","文词美丽刘三妹,才调风流李十郎","爱编游记徐霞客,工撰歌词李笠翁"。他用历史人名入诗作对,做到了人物与诗意的珠联璧合,相互辉映。

### 5.善于用典,丰富贴切

秦山高诗作在写法上坚持对仗,喜用典故。其诗气势豪迈,新名词、新语句迭见。用典,是古诗词中常用的一种表现方法,其主要特点是借助一些历史人物、神话传说、寓言故事等来表达自己的某种愿望或情感。典故用得适当,可以收到很好的修辞效果。能显得既典雅风趣又含蓄有致,可以使语言更加精练,言简意赅,辞近旨远。

秦山高饱读诗书,名著典籍无不涉猎。他博闻强识,过目不忘,熟知古今中外的名人名地、新鲜事物。他知识渊博,学贯古今,因此,写文作诗,运用典故,信手拈来,无不出彩。如"餐毡绝域苏卿志,画米高堂汉将才",前句用西汉大臣苏武出使匈奴时被扣留,北海牧羊,渴则饮雪水,饥则餐毡毛,历经磨难,矢志不渝,持节不屈之典,后句指西汉著名将领赵充国(前137—前52),年过七旬还主动领兵出征平定羌人叛乱,年过八旬仍上朝参加谋划边防大事。其画肖像被挂在未央宫麒麟阁。古时称八十八岁为米寿,故言"画米高堂"。这一联用苏武牧羊和赵充国老将出征平叛两典,赞颂了他们的爱国主义精神、民族气节和丰功伟绩。又如"诸公对泣新亭愤,涕泪河山已十秋",新亭故址在今江苏省。公元316年,刘曜率军灭了西晋,司马睿在王导的拥护下在建康建立了东晋王朝。一些贵族及大臣每当天气晴朗时到建康城外的新亭饮酒,武城侯周顗叹气说:"风景不殊,正自有山河之异。"引发众人伤心落泪。丞相王导正色劝导说:"当共勠力王室,克复神州,何至作楚囚相对!"名士们听了都停哭认错。这组诗作于1910年秋冬,故云"涕泪河山已十秋",作者用这一典故表达了庚子之乱后十年来忧国伤时的悲愤心情。再如《送遁初先生南归》:"微管吾民将被发,有韩敌国已寒心。"这一联的两个典故出自《论语·宪问》"微管仲,吾其被发左衽矣"和《隋书·韩擒虎传》"擒(虎)厉然顾之,突厥惶恐,不敢仰视"。"微"意为无、没有,以"微管"对"有韩","吾民"对"敌国","将被发"对"已寒心",可谓工绝!用此二典将宋教仁视为管仲那样的大贤才、名震天下令敌国胆战心寒的隋朝名将韩擒虎。见者皆叹工绝,一时传诵。

秦山高并不盲目排外,他乐于接受外国新事物,结交外国友人。诗中多有使用新名词之新语句,亦以外国人名、地名入诗。虽用新词而对仗工整,符合平仄,诗意晓畅而不晦涩。他诗作中的西方人名多是当时国人钦佩敬仰、视为榜样的人物,如华盛顿、林肯、麦来、维多亚、拿破仑、威廉等。如:"闻道当年华盛顿,威名遥冠十三州","林肯麦来今已矣","娶妇维多亚,生儿拿破仑","发卷层波如拿破,髯张修戟似威廉"。诗句中有国外地名的如"前车埃及知非远,当路应存戒覆心","一举度尧兼越舜,十旬跨美更凌欧"。用西方史事和人名为典故入诗,令传统诗歌在内容和思想意义上跟上了时代步伐。

### 6.气势豪迈,佳句迭出

秦山高胸有大志,心系家国与边关,壮怀激烈。因之其诗大气磅礴,慷慨激昂,气韵沉雄,气魄雄伟。如《沽上秋感十二首》其四:"猛忆西川狂记室,别来三载苦无书。肥鱼大酒遨游快,侠骨忠肝气概粗。"《岁暮怀人十首》:"绿转黄回角有轮,入时花样竞翻新。期君百炼英雄骨,莫道饥寒解困人。""扬子江声吞地尽,皖公山色拓天开。""谤书盈箧君休顾,更试屠龙敏手才。"《沽上赠人》写道:"高陵深谷犹多变,大玉明珠且善藏。不用抚髀惊岁月,男儿三十是方刚。"大气盘旋,颇为自负。

秦山高的诗语言浅显流畅,甚至带有浓厚的口语色彩,佳句迭出,不乏金句。随举数句为例:"楼外楼高景物遥,电梯飞上五云坳","双轮一日四州经,旦暖宵寒瞬异情","半岭鸟飞穿夕照,万松风入响秋涛","一尊未忘人间世,槐国衣冠看九州","岂谓忠言多逆耳,翻教直道不容身","惆怅流年又秋水,跳丸日月疾如梭","名山坟典千秋业,大陆龙蛇一世才","祠庙沧桑余旧迹,江山文藻要新诗"。

秦山高诗起句多有不凡。如《亥暮春杂感八首》"大波轩起蜃云宽,沸地楼台照海寒","银铺青锁夜沉沉,歌舞豪华入梦深","节钺传家甲第深,高门列戟比崔琳"。再如《金陵呈大总统》"八瀛奔走莽风烟,手挈乾坤一转旋",《桐城先生逝世十年矣追怀有作》"异时劫火莽难收,鲁殿灵光独岿留",《寄壬秋先生湖南》"落日神原见汉旌,青山磨节老桓荣",《寓楼晚眺》"摩眼危楼看陆沉,夕阳红入蜃窗深",《与芸子先生饮醉中作》"五岳蟠胸渐不平,与公呼酒且同倾",《高帷》"高帷敏手事神州,海内争传第一流",《落日》"落日诸天散暮钟,依稀灵鹫认高峰"。不胜枚举。

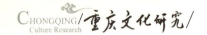

### 7.情景交融,意境深远

秦山高的诗诗中有画,情景交融,意境深远,气象壮丽。"树色能藏鸟,花光解笑人","雪儿红艳艳,月子白弯弯","醉月吞花影,吟霜拂剑芒","匹马自青眼,千峰皆白头。路遥人类鹜,村小屋同舟","青山青满浙东西,到眼千岩竞秀齐。水色不须明镜拂,林光直欲画屏迷","钟声近自树巅出,帆影遥从云底悬。五色斑斓见奇石,孤城隐约堕苍烟","一草一花都妩媚,三峰三洞久徘徊。高台曲径层层转,翠阁瑶窗面面开","一枝婉婉梅禁笑,半亩森森竹慰馋","春风碧海双飞燕,晓日红楼百啭莺","翠竹林边风似剪,绿杨枝外雨如梭","寒烟九点齐州小,晓日三峰阆苑开","名湖春水碧于油,十里晴波照画楼","蔚然深秀出烟寰,风景江南一览间","吹水风开涛片片,拈花人隔树重重","一树秾花簇锦开,花前唤酒独徘徊","杂树一园相掩映,时闻红雨落毵毵"……不一而足,这些诗句给人们展示了多姿多彩的图画。

# 供给侧视域下重庆动漫文化产业拓新发展①

闫国

(四川美术学院)

【摘要】现阶段重庆动漫产业由规模发展进入优化供给的精品品牌转型发展阶段,在规模发展的时期,重庆动漫企业不断发展扩大且在发展、融资、运营方式上实现了多元化,动漫与金融及实体产业逐渐融合。转型发展中的重庆动漫产业仍然存在品牌性缺失、产品文化性缺失、人才缺失、产业融合不足等问题。在供给侧改革背景下,新时期重庆动漫产业的发展需要在动漫品牌精品供给、复合式动漫高级人才供给、动漫文化业态供给、动漫产业业态凝聚等方面给予优化,以满足区域文化转型发展中对动漫文化内容发展的需求。

【关键词】供给侧;重庆动漫;协同创新;转型发展

动漫产业是指以"创意"为核心,以动漫文化为基础,以版权为核心营利模式,包含动漫图书、报刊、电影、电视、音像制品、舞台剧和基于现代信息传播技术手段的动漫新品种等动漫直接产品的开发、生产、出版、播出、演出和销售,以及与动漫形象有关的服装、玩具、电子游戏等衍生产品的生产和经营的产业。其对核心、基础和核心营利模式的界定表明了动漫产业兼具文化性与产业性。动漫产业与动漫文化密切相关,动漫文化作为视觉消费的大众文化,从更广阔的角度表明了动漫产业除具备文化性与产业性外,还具备大众性。

兼具文化性、产业性、大众性的动漫产业因其高附加值、低能耗、无污染、发展前景好等诸多亮点逐渐受到重视,2004年国家广电总局《关于发展我国影视动画产业的若干意见》和2006年《国务院办公厅转发财政部等部门关于推动我国动漫产业发展若干意见的通知》等一系列支持动漫产业发展文件的出台推动了国内动漫产业迅速发展。

## 一、起步中的重庆动漫产业

1997年,重庆成为西部地区唯一的直辖市,作为长江上游重要的经济中心和老工业基地,钢铁、

---

①部分内容刊载于《艺术学界》和《电影评介》,特此备注。

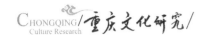

机械工业制造、化工、交通运输及制造一直在重庆发展中处于优势地位。2000年,随着我国消费型社会的逐渐发展,第三产业在社会结构中越来越处于有利地位。2003年,国家提出经济结构调整为主线下的产业结构、地区结构、城乡结构全面调整策略,大力发展高新技术产业,积极支持和鼓励现代服务业成为区域经济发展的重要内容。一方面,重庆作为最年轻的直辖市,充满新机和一切可能;另一方面,由于自身的历史地位和老工业城市的背景,重庆难以应对不断出现的消费增长点与文化服务性消费需求。在产业结构调整与改革的必然趋势下,重庆确定发展高附加值的文化创意产业来带动工业、制造业等传统产业转型。直辖后,重庆召开全市文化工作会议,会议制定了全市动漫及数字娱乐业发展规划和扶持政策。随后,2006年,重庆市人民政府第79次常务会审议通过《重庆市创意产业"十一五"发展规划》《重庆市人民政府关于加快创意产业发展的意见》,将设计、动漫、传媒这三大产业作为重点予以扶持,并设立重庆市创意产业领导小组。

在重庆市扶持发展以动漫产业为代表的新兴文化产业政策下,经过多年的发展,重庆动漫实现了从有企业(动漫)无市场到门类齐全、产权多元的产业化市场,从集中于原创和代加工到在动漫产业链中形象设计、衍生开发与拓展多环节发展的合理性趋向布局。重庆动漫以点带面迅速铺开,至2010年,重庆市在册动漫企业已达48家。其中,动画企业30家,漫画企业2家,游戏企业4家,衍生品、教育培训等周边产业领域企业12家,从业人数近万人。先后发展出一批本土骨干动漫企业,如重庆视美动画艺术有限责任公司(简称视美动画)、重庆享弘数字影视有限公司等。重庆视美动画艺术有限责任公司作为重庆本土主要动漫生产基地,具备年产电视动画片3000分钟以上的制作能力,生产的动画片总量占西南地区产量的70%,其中视美动画与四川美术学院影视动画学院联合开发的系列电视动画《麻辣小冤家》作为重庆本土动漫的代表作之一,结合了重庆本土文化风情和当地人的性格,备受国内观众好评。截至2013年,重庆生产发行原创动画片52部33593分钟,《缇可讲故事》《乐乐熊》《可儿历险记》等18部动画片被评为全国优秀动画片,10个动画项目入选年度少儿精品,原创动画片《魔盒与歌声》《嘻哈游记》《神魄》等11部动画片1.2万分钟,出口到美洲、非洲、欧洲等的60个国家和地区,实现销售产值670多万美元。

目前,重庆已审批获准的国家级动漫产业基地有重庆市南岸区茶园新区动画产业基地(国家广电总局2007年授牌第三批)等,重庆市级动漫产业基地有视美动漫产业基地(2007年)、涪陵区金渠软件及动漫创业基地等,重庆市文化产业示范基地有重庆视美动画艺术有限责任公司、重庆享弘数字影视有限公司等。

**二、产业地理分布下的重庆动漫产业格局**

国内动漫产业主要集中于经济发达的城市,由此而形成动漫产业区域分布格局和梯队结构。按照地域来看,有以大连、长春、哈尔滨为主要区域的东北动漫产业区,以北京、天津为主要区域的京津冀动漫产业区,以上海、杭州、苏州、南京、常州、无锡为主要区域的长三角动漫产业区,以广州、深圳、东莞、汕头为主要区域的珠三角动漫产业区，以福州、厦门为代表的海峡动漫产业区，以长沙为代表的中部动漫产业区，以重庆、成都为主要区域的西南动漫产业区。围绕国内各大城市设置的动漫产业基地是各大城市推动动漫产业发展的重要力量。

从国家公布的27个国家级动漫产业基地（国家广电总局1—4批国家动画产业基地20家，国家新闻出版总署国家动漫产业发展基地7家）数据来看：位于长三角动漫产业区的有8家，占全国总量的29.6%；位于京津冀动漫产业区的有4家，占全国总量的14.8%；位于东北动漫产业区的有4家，占全国总量的14.8%；位于珠三角动漫产业区的有2家，占全国总量的7.4%；位于中部动漫产业区的有3家，占全国总量的11.1%；位于海峡动漫产业区的有1家，占全国总量的3.7%；位于西南动漫产业区的有1家，占全国总量的3.7%；其他区域有4家，占全国总量的14.8%。依照章旭清、付少武对中国动漫产业发展各区域动漫生产能力、产品质量、平台建设、骨干企业、品牌影响力、市场开发能力等综合要素方面的分析结果，国内动漫产区第一梯队为上海、广东，第二梯队为浙江、江苏、北京、湖南，第三梯队为福建、安徽、河南、黑龙江、四川、重庆、湖北、辽宁。[①]

**（一）西南动漫产业区中的重庆动漫及生产**

从全国范围来看，在国家转型政策和国内市场需求调配下，2014—2015年我国动画产品逐步由生产数量向生产质量转变，这体现在国内电视动画行业的总体发展中，即调控与市场作用下作品数量的理性回落。从重庆电视动画片生产趋势来看，自2007年至2009年，重庆作为全国原创电视动画十大生产城市：2007年共生产电视动画片10部（4699分钟），位于长沙、广州、上海、杭州、无锡之后，排名第六；2008年共生产电视动画片6部（3510分钟），位于长沙、杭州、广州、无锡、北京、上海、南京、常州、西安之后，排名第10位；2009年共生产电视动画片12部（5267分钟）位于杭州、无锡、广州、长沙、沈阳、苏州、北京、南京、深圳之后，排名第10位。2010年为重庆原创电视动画的调控转折期，以年产12部4805分钟（重庆市南岸区茶园新区动画产业基地5部共3046分钟）的数量位居全国第10位，随后的2011年至2014年间，重庆原创动画由7部3340分钟减少到1部780分钟，2014—2015年重庆电视动画片备案数量共8部。

2004年12月，国家广播电影电视总局为推进国产动画片精品工程，开始实施优秀国产动画片推荐播出办法，以确保原创动画片的质量并促使其生产往优质、精品的方向发展。重庆作为西部原创电视动画主要生产区域，自2005年至2016年共有10部动画片被国家广电总局推荐为优秀国产电视动画片（2006年2部、2008年2部、2009年1部、2010年4部、2012年1部），具体为：2006年，重庆原典文化传播有限责任公司与北京华奥七频文化发展公司联合制作的《诗歌训练营》、重庆享弘数字影视有限公司（即重庆享弘影视股份有限公司）制作的《魔盒与歌声》（第一部）；2008年，重庆视美动画艺术有限责任公司制作的《缇可》、重庆享弘数字影视有限公司制作的《乐乐熊奇游记》；2009年，重庆视美动画艺术有限责任公司制作的《缇可春季篇》；2010年，重庆必然传媒有限公司制作的《可儿历

---

① 章旭清,付少武.中国动漫产业发展十年之区域布局分析[J].创意与设计,2015(6):82-88.

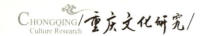

险记》、重庆享弘数字影视有限公司制作的《乐乐熊之玩具王国》、重庆视美动画艺术有限责任公司制作的《夏桥街》、重庆视美动画艺术有限责任公司制作的《缇可讲故事》;2012年,重庆视美动画艺术有限责任公司制作的《东方少年》。

与西部区域其他省份相比,重庆原创电视动画生产数量和质量都居于前列。2005年至2016年,西部12省区市(四川、云南、贵州、西藏、重庆、陕西、宁夏、甘肃、新疆、青海、内蒙古和广西)的国产优秀电视动画共有19部,重庆拥有10部,凸显了重庆在原创电视动画作品方面的创作生产能力和质量把握能力。

2005—2016年,重庆原创动画生产能力大大提高,电视动画获得较大发展,而处于探索阶段的重庆动漫游戏开发、动漫衍生产品开发、漫画图书出版也不断发展。

在动漫游戏开发方面重庆虽然起步较晚,但得益于高新技术产业开发的优势,重庆的动漫游戏取得了一定发展。成立于2003年的宏信软件公司研发了具备自主知识产权的通用游戏开发平台和引擎。其自主开发的儿童益智游戏软件成为2005年度国家八部委联合向未成年人推荐的优秀电子出版物,并被国家新闻出版总署增补为"十五"国家重点电子出版物选题。其还独立开发了国内首款3D MMORTS大型科幻网络游戏《星球计划》(Project of Planets,简称POP)。重庆朝华数字娱乐有限公司研发了具备自主知识产权的网络游戏引擎WHALE等。截至2009年,重庆游戏出版收入年增长50%以上。祥瑞网、聚购科技等网络游戏企业近年来发展迅速,建成本土研发团队。创游软件公司2007年推出第一款重庆本土网络游戏《笑闹天宫》。2010年我国第二个国家级数字出版基地在重庆落户,重点打造数字图书、数字报刊、互联网出版、手机出版、数据库出版、按需出版和数字印刷、网络游戏动漫、数字音乐、数字教育、跨媒体复合出版等十大产业门类,进一步促进了重庆网游产业的发展,网络游戏产值年均增长超过了100%。本土手机报的订户超过200万人。2012年,重庆游戏产业联盟成立,重庆最有发展潜力的网页游戏研发公司、手机游戏研发公司、游戏美术制作公司等企业通过不断交流来联合推动重庆市游戏产业发展。2013年,受成都手机游戏市场的影响,重庆游戏企业祥维科技通过自研和投资的方式开始介入移动游戏领域,代理《英雄联盟》及推出自研的《北欧战纪》,其中《北欧战纪》在台湾上线。有人估计,截至2014年4月,重庆游戏行业的产值约为5亿元,培育了数家在互联网、游戏业影响都比较大的媒体以及平台,如微乐网和重庆话语科技的063游戏平台等。2014年,《完美世界》等知名网游的开发营运商落户北部新区移动游戏孵化园。重庆隆讯科技自主研发的手游《圣殿之门》海外独立版权卖出2000万元,创新了重庆原创手游单笔海外版权最高独家代理成交额。重庆迅游科技为韩国最大的移动社交平台"KakaoTalk"定制开发的《大航海mini》成为首款登录韩国移动社交平台的重庆制作手游。截至2016年,《大航海mini》在各地区和平台都取得了不错的成绩,得到了不同地区玩家的认可,产品已经积累了庞大的用户群体。

经过多年的不断发展,重庆动漫产业化逐步完善,基本形成了动漫产业链上下游的合理布局和分工。重庆本土动漫骨干企业重庆视美动画艺术有限责任公司以品牌为核心建设融合"动漫产业"

和"青少年文化产业"于一体的综合型服务运营平台,实现了"动画原创生产—频道平台播出—网络营销—衍生产品开发—动漫人才培训"完善的上下游产业链结构。2012年,由视美动画运营的少儿频道与重庆天子之歌钢琴公司打造了重庆少儿频道缇可天之歌艺术学校、重庆少儿交响乐团,视美动画同时打造了与商场、供货商一体联营的"TICO玩具旗舰店",其以TICO品牌为核心,借助少儿频道强大的播出平台和影响力,将动漫成品引入终端卖场,以高品质玩具产品销售为主营,成为西部首家电视媒体运营的专业连锁卖场。另外,视美动画将动漫拓展到儿童剧和儿童电影市场,投资制作了大型魔幻儿童剧《彩虹小镇》(52集),与广州奥飞动漫公司联合开发了《巴拉拉小魔仙》电影。2014年,重庆帝华广告传媒有限公司将其投资制作的《嘻哈游记》品牌衍生拓展到儿童教育,建设了全国首家《嘻哈游记》主题动漫幼儿园,并投资35亿元建设以动漫《嘻哈游记》为主题,融合乡村、工业、现代农业观光旅游内容的,文化、休闲、娱一体化的综合项目。视美动画联合世纪金源集团建设了集运动娱乐、亲子教育、营养美食、休闲购物于一体的体验式儿童购物中心——"童兜天地缇可店",成为西南区域营业空间、业态种类、主题内容最完善的互动体验式儿童主题购物中心。

在漫画图书出版方面,2005年重庆出版集团投资的动漫图书策划制作子企业天健卡通动画文化有限责任公司成立。天健卡通在2009至2010年间:与上海淘米网络科技有限公司、重庆漫想族文化传播有限公司推出《摩尔庄园超级明星总动员》漫画图书系列;与北京完美时空网络技术有限公司和上海盛大网络发展有限公司合作推出《海底世界太平洋城系列》《梦幻诛仙》《龙战天涯》等动漫游戏图书;与韩国ddung公司等合作推出冬己宝贝益智贴纸书系列。截至2016年,天健卡通策划引进制作的插画漫画奇幻巨著《冰与火之歌》已出版5季共15本,发行销售近300万册,码洋突破1亿元,2017年重庆出版集团再度获得畅销书《冰与火之歌》(1—6卷)中文简体版权,并着力打造奇幻文学系列作品,包括《猎魔人》《迷雾之子》《携光者》《第一律法》等一批颇具盛名的奇幻插画漫画文学作品,并形成了"独角兽书系"奇幻图书品牌。此外,借助《冰与火之歌》的受众效应,重庆出版集团拓展了《冰与火之歌》填色书等其他"冰与火"衍生图书产品。除了重庆出版集团及其运营的天健卡通以外,重庆大学出版社出版的无字漫画书《别做梦了》半年印刷7次,年销售量超过10万册。

2012年,重庆首个动漫产业版权服务工作站——华岩动漫产业园版权服务工作站在华岩动漫产业园正式设立,推动动漫产业的孵化、许可、交易和使用,以实现版权对增强动漫企业核心竞争力的推动作用。至2016年,重庆已有国内知名动漫展示、交易、交流、合作、融资平台——中国西部动漫文化节,国家级动漫产业基地1个,市(省)级动漫产业基地3个,重庆市文化产业示范基地(两批,动漫类)5个。重庆本土原创动画《嘻哈游记》入选文化部2016年动漫品牌建设和保护计划。《嘻哈游记》是国内首部三维原创科普探索动画片,后续发掘出很多幼儿教育优质资源,形成了以"嘻哈游记"自主知识产权为核心的动漫文化教育品牌(2014年推出《嘻哈游记》主题幼儿园;2015年推出《嘻哈游记》主题乐园;2016年推出《嘻哈游记》101—125集动画片,并计划推出以"嘻哈游记"为主题的儿童舞台剧及电影、主题艺术培训学校、动漫品牌儿童服装、玩具、文具、食品等)。将"嘻哈游记"融入幼儿教育,将动漫资源融合实体经济,代表了重庆动漫在产业链上下游领域的延伸和探索。

综上,从动漫产业系统综合发展的角度来看,西南动漫产业区中的重庆动漫逐步改变了原有门类结构单一而致使重庆动漫整体发展失衡的状况。重庆动漫已经在原创电视动画、精品动画、动漫游戏开发、动漫衍生产品设计和制作、漫画图书及版权等动漫产业门类中铺开,其内容涉及动漫资本的运营、内容创作与制作加工、媒介传播、衍生开发和销售系统,区域结构中的重庆动漫生产已经迈入多元并进的阶段。

**(二)区域结构中的重庆动漫生产与消费**

动漫作为重庆区域新兴文化业态得到不断发展,以数字化为特征的数字动漫、数字出版等新兴、衍生行业成为新的增长点。得益于《动漫企业认定管理办法(试行)》(2008)、《重庆市文化产业"十二五"发展规划纲要》(2011)、《关于深入贯彻落实十七届六中全会精神助推文化产业大发展大繁荣的实施意见》(2011)、《重庆市工业和信息化发展专项资金管理办法》(2011)、《关于支持转企改制国有文艺院团改革发展的实施意见》(2013)、《关于推进文化与旅游融合发展的意见》(2014)、《关于推进全市文化市场改革加快文化产业发展的意见》(2014)等促进政策,2015年在国内通过文化部、财政部、国家税务总局认定的动漫企业共有730家。重庆获得认定的共有8家,分别为:重庆环漫科技有限公司(2015)、重庆狼影动漫有限公司(2014)、重庆长美影视动画设计有限责任公司(2013)、重庆帝华广告传媒有限公司(2012)、重庆视美动画艺术有限责任公司(2010)、重庆享弘数字影视有限公司(2010)、重庆奇易门动画科技有限公司(2010)、重庆漫想族文化传播有限公司(2010),总量占全国总数的1%,占西南地区的14%。根据《动漫企业认定管理办法(试行)》,重庆动漫企业享弘数字影视有限公司在2012年被列为重点动漫企业。自2008年《动漫企业认定管理办法(试行)》出台到2015年,国家认定重点动漫企业共43家(2010年18家、2012年16家、2013年9家)。与四川10家、陕西10家、云南10家、广西11家、贵州9家相比,重庆动漫认定企业数量在西南动漫区相对较少,但质量具有相对优势。

受益于国家、地方政府文化产业政策的扶助支持、产业市场环境优化及动漫企业的市场探索和经验积累,重庆动漫企业数量不断增加。前瞻数据库统计,截至2016年仅动漫企业已有250多家,出现了像重庆视美动画艺术有限责任公司、重庆享弘数字影视有限公司、重庆必然传媒有限公司等重庆本土知名动漫骨干企业。

重庆是长江上游现代工业文明城市。重庆地区消费者消费水平的提升、消费领域需求的多样化、产业结构的调整与布局,促使重庆社会经济增长明显。尤其在居民可支配收入不断增长的背景下,居民消费观念、消费支出结构发生了变化。文化产业结构调整下文化消费和服务供给的发展,一方面使重庆文化消费由数量消费转向质量消费,由单一满足生存发展需要向满足多样化的娱乐享受消费需求转变;另一方面,重庆文化消费缺口扩大及潜力增长,造成地区文化消费意愿亟待满足,进一步促使地区政策对文化消费的重视和投入。

　　从中国人民大学文化产业研究院首次（2013年）向社会公布的各省市文化产业指数来看：重庆市文化消费综合指数77.3，位列全国第十，在上海、北京、天津、广东、江苏、山东、山西、浙江、四川之后；文化消费环境分指数63.7，位列全国第九；文化消费意愿分指数80.2，位列全国第一；文化消费水平分指数82.3，位列全国第九。2014年，重庆市文化消费能力分指数78.5，位列全国第十位。2016年中国人民大学创意产业技术研究院和四川文化创意产业研究院联合公布的中国西部地区省市文化产业发展指数（2015）和西部文化消费指数（2015）显示，综合指数方面重庆居于西部各省市第4位。研究显示，2013年西部地区动漫产业营业收入达3.82亿元，重庆动漫产业营业收入达11325万元，居西部各省份及西南动漫产业区第一位。

　　重庆动漫消费在文化产品和服务消费方面具有较大的增长空间。首先，重庆具有较大数量的动漫消费人群，据统计约12万人的动漫消费人群活跃在重庆，占全市常住人口的0.4%（2015年全市人口3371.84万人）。其次，在全国动漫产业格局的构成中，重庆利用自身在移动互联网、数字传媒和新兴游戏方面的优势，推进多元化新型动漫创意产业的融合发展，使文化创意和设计服务与工业制造、数字传媒、人居环境、旅游产业充分融合。文化创意与设计类企业占文化企业总数的25.55%，远高于新闻出版发行服务企业的8.47%和广播电视电影服务企业的1.53%，极大地促进了数字动漫产品、新媒体传播技术与文化消费的融合，使动漫内容产品向数字化生产转化，网络的普及和网络化消费进一步拓展了重庆动漫的消费受众。从2016年国内最大的独立原创漫画网络平台"有妖气"（www.u17.com）发布的数据来看，重庆主城区网络漫画消费者高达19.8万人（主城外其他地区数值相比主城区太少，可忽略不计，故主城区数据基本代表了重庆市整体的数据）。在传统电视动画消费领域，由视美动画运营的重庆少儿频道2010年全年平均收视率为0.56%，平均收视份额为3.58%，首播国产动画片达208675分钟；2011年全年平均收视率为0.399%，平均收视份额为3.47%，首播国产动画片 229200分钟；2012 年全年平均收视率为0.52%，平均收视份额为3.28%，首播国产动画片214200分钟。2014年重庆卫视引进动画片16部，12830分钟，重庆卫视少儿频道引进动画片35部，28927分钟。

　　再次，近年随着创投和IP与二次元文化消费、产业的融合，动漫会展成为与以数字网络为平台的动漫线上消费社区互补的二次元文化线下消费的主要场所。据统计，2015年我国共举办各类动漫会展1000余个，观众5000人次以上规模的90个，重庆动漫会展参展人数超过20万人次，重庆与上海、杭州、广州、深圳等成为动漫会展消费主要城市。重庆西部动漫文化节从2009年到2015年参展企业达2005家，观展人数达84万人次，门票收入达1434万元，项目签约金额达285亿元。

　　综上来看，重庆动漫在西南地区具有一定优势。

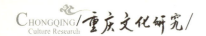

### 三、重庆动漫产业特征

1993年，重庆首个动漫企业易动影像公司成立，2004年重庆动漫产业开始起步，2005年重庆全市文化工作会确立动漫发展规划与扶持政策。经过20多年的不断完善与探索，重庆动漫产业架构日渐丰富和多元；动漫产业链条各环节衔接逐渐紧密；动漫生产在文化供给侧影响下，向有效供给、优势供给、精品供给方面探索；动漫文化与新媒介、科技融合趋势明显；本土品牌经营下的授权作为重庆动漫产业链发展的关键部分也在完善。

#### （一）以原创向品牌建设转变，不断拓展延伸动漫上下游产业链

在国家转型调控和区域引导政策的作用下，重庆动漫生产内容、产业形态构成逐渐向品牌供给和多元构成转变。2011年7月，文化部、广电总局、新闻出版总署联合发出《关于国家动漫精品工程申报工作的通知》，国家三部门共同推动实施国家动漫精品工程，扶持和资助动漫精品的创作、生产、推广和传播，开始实施品牌动漫产品的打造。2011年重庆开始实施文化产业"十二五"发展规划，加强传统内容与数字技术融合，鼓励和扶持动漫等文化品牌，支持重点文化品牌做大做强。2016年开始培育文化精品创作体系，促进文化产业的跨界融合和供给侧创新。2011年以来，重庆原创动画生产内容向精品打造方向倾斜，2011年至2016年，重庆动画片制作分钟数减少。重庆动漫《荷包蛋》和《嘻哈游记》在2015年、2016年分别入选国家动漫品牌建设和保护计划。作为重庆市加米科技有限公司的注册商标，《荷包蛋》以中华传统文化与互动亲子教育结合的方式讲中国故事。科普探秘类原创动画《嘻哈游记》结合《最新十万个为什么》和中国四大名著之一的《西游记》，将中国传统文化精髓与动漫形式融合，形成了具有自主知识产权的动漫品牌。且作为重庆本土动漫品牌，"嘻哈游记"将动漫文化和幼教产业整合起来发展。

从2011年文化部、广电总局、新闻出版总署联合推动国家动漫精品工程和2012年文化部开展"国家动漫品牌建设和保护计划"以来，以成都、重庆、昆明为中心的西南动漫产业区入选国家动漫精品工程动漫产品2项（四川成都2项）。西部12省区市共4项：成都恒风动漫制作有限公司"蔬菜水果题材动画"形象，成都艺术剧院木偶皮影剧团、成都市木偶皮影艺术剧院动漫舞台剧《寻找大熊猫》，鄂尔多斯东胜天风动漫影视有限公司动漫出版物《大角牛美德花园》（图书），鄂尔多斯东胜天风动漫影视有限公司动画电视《小牛向前冲》）。西南动漫产业区入选国家动漫精品工程动漫创意2项（四川成都1项、云南1项）。西部12省区市共5项：成都牧鹰数码艺术设计有限公司新媒体动漫《酷巴熊》、云南缘成影视制作有限公司动画电影《齐天大圣前传》、西部电影集团有限公司动画电影《封神传奇》、呼和浩特市漫影传媒有限责任公司漫画《牛斗士》、呼和浩特市漫影传媒有限公司漫画《趣味和尚》。西南动漫产业区入选国家动漫品牌建设和保护计划4项：重庆2项，四川成都1项，贵州贵阳1项。西部12省区市共13项：重庆帝华广告传媒有限公司原创动画《嘻哈游记》、内蒙古鄂尔多斯东胜天风动漫影视有限公司原创动画《大角牛》、新疆映像天山文化科技有限公司动画《足球小

巴郎》、新疆达雅风尚文化传播有限公司新媒体动漫《小馕人》、南宁峰值文化传播有限公司动画电视《阿蒙的魔法时空》、兰州南特数码科技股份有限公司动画《敦煌传奇》、重庆市加米科技有限公司动漫创意类项目《荷包蛋》、四川文艺音像出版社动漫创意类项目《动漫川剧古诗词曲》、广西桂林坤鹤文化传播有限公司动漫创意类项目《可可小爱》、贵州泰豪易象万维数字文化有限公司动漫创意类项目《黄帝内经》、青海省开心动漫文化科技发展有限责任公司动漫创意类项目《青海大家庭》、陕西动漫产业平台管理中心有限责任公司动漫创意类项目《秦俑之五行传说》、西安长风影视文化传播有限公司动漫形象《秦亲宝贝》。

由2006年原创电视动画《麻辣小冤家》到转向《荷包蛋》和《嘻哈游记》等动漫精品的培育,再到向动漫互动体验教育、主题园区等产业链上下游领域拓展,区域结构中的重庆动漫产业呈现出由重产量到重质量、求品牌的转变,并在转变中转向以原创品牌建设和精品品牌培育为发展核心。

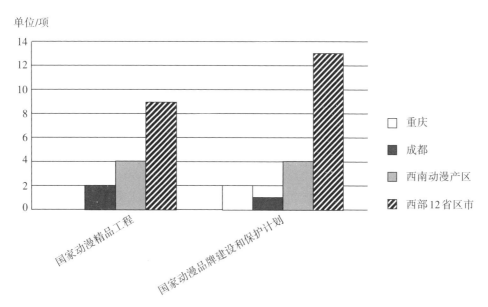

图1　国家动漫精品工程、国家动漫品牌建设和保护计划重庆、成都、西南动漫产业区、西部12省区市对比数据

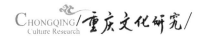

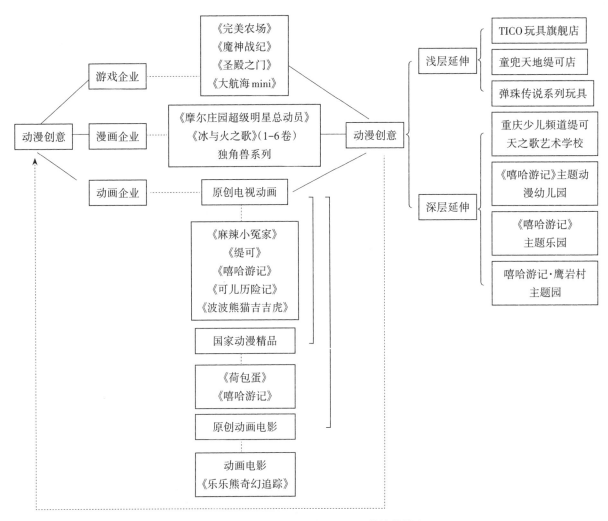

图2　重庆动漫产品产业链上下游延伸结构简图

**(二)动漫企业数量持续增长,产业规模与从业队伍不断壮大,产品日渐丰富**

自1993年重庆成立首个动漫企业易动影像公司以来,注册动漫企业数量逐年增长,到2009年已有动漫原创企业近30家,2010至2013年期间为重庆动漫企业高速发展壮大时期,仅2012当年重庆动漫企业数量就增加了35家,由65家发展到100家。截至2016年,重庆市动漫及游戏企业数量已达到313家(动漫企业255家、游戏企业58家)。数据显示,重庆动画、漫画、游戏、教育培训等动漫企业从业人员近10万人,2011年到2013年,重庆动漫产业整体产值从3000多万元增加至近6000万元。

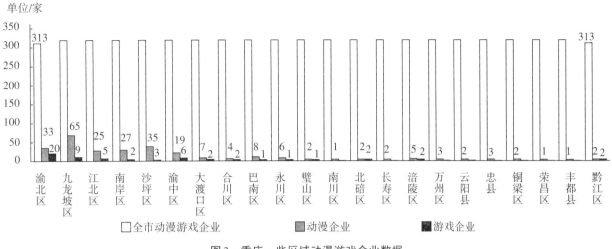

图3　重庆一些区域动漫游戏企业数据

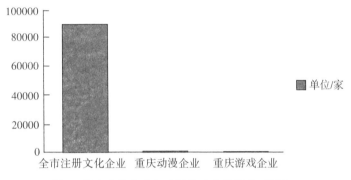

图4　重庆文化企业与动漫游戏企业数量对照表

从国家"十一五"期间重庆原创动画生产领跑西部至今,重庆动漫企业在产品生产内容方面逐步扩展。在国家"十一五"后期对动漫产业进行调整和转变的政策影响下,以地区转型升级、媒介融合、文化精品打造及拉动文化消费为要旨的重庆文化产业转型及供给改革逐步推进,使重庆动漫形成多要素、多内容的生产主体、生产内容等多元并行的全产业链结构,实现了以本土企业为主体、本土品牌为核心的,围绕动漫全产业链形态不断拓展的区位特色。

在产品生产内容及结构上布局了五大板块。(1)以上游创意文化产品研发为主的产品生产板块,如视美动画的原创电视动画《麻辣小冤家》等,以及趋向满足大众文化需要、与受众互动的动漫精品,如重庆帝华广告传媒有限公司的精品动画《嘻哈游记》等。(2)以中游文化产品运营为主的产品板块,如视美动画运营的重庆电视台少儿频道"TICO"、天健卡通动画运营的"独角兽书系"系列奇幻平面动漫图书等。(3)以下游文化产品运营为主的产品板块,如以重庆本土动漫《嘻哈游记》、"TICO"核心品牌营销的幼教品牌、文化主题娱乐购物品牌等。(4)以游戏IP研发、授权、运营为主的游戏产品生产板块,如重庆祥维科技的《完美农场》《魔神战纪》,重庆隆讯科技的《圣殿之门》,重庆迅游科技的《大航海Mini》等。(5)以本土原创品牌、精品品牌为核心的动漫教育、主题园区等动漫衍生产品生产板块,如以《嘻哈游记》为主题而衍生的主题乐园、主题幼儿园,以重庆电视台少儿频道"TICO"为主

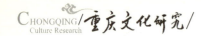

题而衍生的重庆市缇可天之歌艺术培训学校、玩具旗舰店"TICO"等。

### (三)动漫企业发展模式、融资、运营层次分明且综合多元,地域多元化发展趋势明显

2012年11月,中国共产党第十八次全国代表大会将优化产业结构作为转变经济发展方式的重点任务。产业模式优化升级推动国内动漫产业发展由"量变"竞争转变为"质变"竞争。随即,国家动漫品牌建设和保护计划予以实施,以推动中国动漫产业的品牌化发展。2012年12月,谋求动漫产品质量和盈利方式的发展成为重庆动漫企业转变模式的共识。在国家动漫产业扶持政策和地方文化产业发展政策的双重作用下,重庆动漫企业不断实现多元化、多层次的发展,摆脱代加工、代生产+原创的单一且小而全的自发、粗放、局部发展态势,形成了内容IP授权创作制作+IP开发投资+代工,传统文化精品打造+贴片广告+创新资本运作+海外发行,自主知识产权+跨界整合延伸+区域品牌提升等多元化的动漫企业发展模式。

在国家对动漫产业的扶持下,重庆依托地区优势资源积极培育本土动漫企业,培育了视美动画、享弘影视、帝华广告传媒等市场运营效果好且具备区域影响力的代表性本土动漫企业。

#### 1.视美动画

以重庆市国有文化资产经营管理责任有限公司为主导,重庆广电集团与四川美术学院联合组建的视美动画艺术有限责任公司,开启了国内"媒""校"资源整合+原创的动漫企业运行模式,依托重庆广电集团的媒介力量和四川美术学院动画专业在动漫人才输送上的有力支撑,"媒""校"资源整合+原创的全新动漫企业运营模式取得显著成果,其原创的动画片《麻辣小冤家》反映了浓厚的重庆市井生活风情,在央视少儿频道、重庆少儿频道、北京卡酷卫视等国内电视台热播。

2008年视美动画获得重庆电视台少儿频道代理运营权,并探索由传统的向电视频道售卖动画产品到"平台开放合作+品牌营销+衍生"的协作延伸产业链模式。视美动画打造的动漫形象"TICO"成为频道品牌,并陆续拓展为TICO玩具、益智游戏、儿童商业地产等产品。2009—2013年,视美动画与常州天贝动漫玩具有限公司联合打造动画片《弹珠传说》,与广东奥飞动漫联合推出动画片《神魄》,并依托频道收视带动其后续动漫玩具衍生产品销售,这使视美动画由"原创+频道售卖+频道品牌平台打造+品牌营销"的运作模式进一步拓展为"原创+频道售卖+频道品牌平台打造+品牌营销+衍生"的发展模式。

2014年,我国二次元文化从亚文化状态进入主流文化范畴,核心二次元用户达4984万人,泛二次元用户达1亿人。针对新兴业态下创投、IP与二次元文化消费、产业的融合带来的动漫市场空间,视美动画再次拓展运营模式,将动漫市场从儿童动漫向成人动漫拓展,发展"内容IP授权创作制作+IP开发投资"的模式,由此,最终形成了"代加工、代生产+原创""原创+频道售卖+频道品牌平台打造+品牌营销+衍生""内容IP授权创作制作+IP开发投资"的多层次、多元化的动漫企业发展模式。

#### 2.享弘影视

以民营资本主导组建的享弘影视股份有限公司实现了重庆动漫企业版权质押贷款的资本运作

模式。民营资本介入生产周期长、投入成本高的动漫市场,往往会面临资金短缺甚至资金链断裂的情况,导致难以持续投入产生附加值。在国家鼓励金融资本注入文化产业的政策支持下,重庆动漫企业享弘影视股份有限公司通过打造自主动漫版权"乐乐熊",并以版权质押贷款的方式链接资本,推动无形资产实现资本实体化,形成以"原创作品+版权运营"为核心的"动漫创意版权化+优秀动漫品牌版权资源化(贴片广告)+优秀动漫品牌资源资本化(版权质押)+优秀品牌知识产权金融"的发展模式。

作为西部最大的民营动画企业,享弘影视不断创新动漫企业资本运作的模式,2004—2011年,围绕"乐乐熊"这一自有核心动漫品牌进行版权开发,形成了七大动漫系列题材、三项系列精品动画片,出品了《森林故事》《魔盒与歌声》等乐乐熊系列原创动画片及舞台剧共1200余集(2万分钟)。2007年,享弘影视动漫作品乐乐熊系列之《魔盒与歌声》走出国门进入中东市场,2010年进入北美市场。享弘影视作为国家重点动漫企业、国家文化出口重点企业,自2006年以来,其作品输出至中东、北美、南美、非洲、东南亚、南亚、欧洲的50多个国家和地区。

除以国有资产为主导的视美动画和民营动画企业享弘影视以外,其他重庆本土动漫企业也发展出自己的独特模式,比如:帝华广告传媒借助"校""企"各自的优势联合开发三维科普动画品牌,以科普动画品牌拓展融合体验教育,形成"动画品牌+动漫教育+主题游乐园"的延伸产业链,逐渐形成"自主知识产权+跨界整合延伸+区域品牌提升"的本土动漫发展模式;重庆柠色动漫发展有限公司获取国内动漫童装品牌形象资源授权,开发"小猪班纳"动漫品牌并策划打造动漫主题园区,逐渐形成"形象资源授权创作制作+开发+产业链延伸"的模式。

重庆本土动漫企业结合国家、地方政策,在发展模式、融资、运营方面不断创新,实现了本区域动漫企业的多元化、多层次的综合发展特色。

### (四)政策引领动漫与金融、实体融合,推动动漫企业市场主体化发展趋势明显

在国家积极推进文化创意、设计服务与产业融合发展背景下,重庆不断推动文化产业及文化企业与金融、实体经济融合,形成文化产业政策体系推进下的文化产业与文化消费需求间的供给平衡,使区域动漫企业的市场主体性不断提高,区域动漫与金融、实体融合发展的趋势成为区域特点。

自2014年以来,重庆市先后通过《重庆市产业引导股权投资基金管理暂行办法》(渝府办发〔2014〕39号)、《关于推进全市文化市场改革加快文化产业发展的意见》(渝委办发〔2014〕23号)、《关于推进文化与旅游融合发展的意见》(渝府办发〔2014〕155号)、《重庆市人民政府关于推进文化创意和设计服务与相关产业融合发展的实施意见》(渝府发〔2015〕26号)等政策和方法引导社会资本对文化产业的市场性投资,将财政对产业的扶持性补助转变为市场化股权投资方式,以市场化为主导的社会金融政策逐步推进文化创意产业与金融的融合,并通过"动漫影视版权质押""委托买卖协议+公证"等形式使动漫企业避免轻资产的限制,推动动漫企业的市场主体化,以实现企业由政府"输血"到自我"造血"的转变。

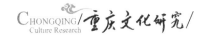

在政策与融资的有力支撑下,动漫企业市场化、多元化发展,越来越能够体现其在融合产业中的主体性。具备创意和品牌的动漫企业与旅游、文创、会展、制造、商贸等实体行业融合发展,直接实现文化消费需求的促进和满足。例如,帝华广告传媒通过动漫与幼儿教育、文化旅游的融合,成为供给侧背景下重庆动漫以创意带动商品实体消费,推进动漫与金融、实体融合的代表。

**(五)形成了校企联合+基地+会展营销的区域动漫发展支撑架构**

企业主体与动漫人才培育主体联合使重庆动漫在资源凝聚和运作拓展等方面建立了基础。2005年,由校企合作的视美动画成立。借助于四川美术学院在动画研究、人才资源储备以及艺术创意方面的优势支撑,视美动画迅速发展为拥有年产3000分钟以上动画片的制作能力的动漫企业,成为西部最具实力的动漫研发、生产基地。2007年,视美动画公司注册地南岸区茶园新区动画产业基地被国家广电总局评为第三批国家级动漫产业基地,视美动画所依托的动画研究开发、人才资源储备院校——四川美术学院影视动画学院被教育部批准为国家级动漫人才培养创新实验区、教育部第一批高等学校特色专业建设点。由校企联合形成的重庆"产学研"助力地方动漫产业发展的模式成为全国最具特色的动漫发展模式,对重庆区域动漫企业和区域动漫产业的运作模式产生了深刻的影响。2009年,在校企合作推动动漫发展的构架模式下,四川美术学院与重庆帝华广告传媒联合开发《嘻哈游记》,经过7年的不断发展,《嘻哈游记》成为由原创到集文化、幼教、动漫旅游为一体的综合动漫品牌,重庆帝华广告传媒有限公司成为国家认定的重点动漫企业。

2006年4月,国家出台《关于推动我国动漫产业发展的若干意见》(国办发〔2006〕32号),支持国家动漫产业基地的建设;同年11月,重庆市出台《重庆市人民政府关于加快创意产业发展的意见》(渝府发〔2006〕128号),明确到2010年建成50个以上的市级创意产业基地(园区),其中具有全国性影响的基地(园区)3个,重点建设视美动漫基地、天健(平面媒体)动漫基地等11个具有特色的创意产业载体,通过减、免收建设行政规费,返还经认定的市级创意产业基地(园区)营业税、契税,并支持其申报国家级基地的方式推动创意产业基地(园区)的发展。截至2016年,重庆已落成国家级动漫产业基地、市级创意产业基地、市级文化产业示范基地7个,以及四川美术学院影视动画学院(国家级动漫人才培养创新实验区、教育部第一批高等学校特色专业建设点、国家级大学生校外动漫实践教育基地、重庆市动漫产业人才培训基地),重庆工程学院(原重庆正大软件学院,中央职业教育实训基地—国家动漫游戏产业人才培养基地、重庆市第三批人文社会科学普及基地、中华文化动漫研发传播中心)等动漫产业集群发展和人才培养平台。

2009年,重庆开始打造区域性动漫会展品牌——西部动漫文化节,至2016年,西部动漫文化节已经连续举办八届,已发展为集交流、展览展示、销售、表演、宣传、项目合作、人才供需为一体的西部地区动漫展示平台。自2009年以来,西部动漫文化节共吸引参展企业2600余家,观展人次达307万。作为西部地区的动漫展示平台,西部动漫文化节通过交流推广,扩大了重庆动漫的影响力。

综上来看,"校企联合+基地+会展营销"的区域动漫发展支撑架构使重庆动漫的发展在资源平台、人才与技术平台、推广交流平台等方面形成了一定优势,推动了重庆动漫以动画为核心衍生产业链的发展。

## 四、供给侧与文化业态创新下重庆动漫产业的制约要素

重庆动漫产业历经十多年的发展,成为西部地区动漫产业发展的重要组成部分,具有本区域发展的自身特色和充足的发展潜力空间,但同时也面临着自身的局限。

重庆处于内陆地区,其人力资源、知识资源、资本资源、文化需求市场等与东部地区有明显差距,同时重庆作为老工业基地,开放与转型发展的时间较短,文化产业发展缓慢且与国内动漫产业发展较好的北京、上海、广东相比还存在较大差距。

### (一)知名动漫形象和精品作品

动漫作为形象产业,"创意"是其各个环节发展的核心,能否充分发挥创意想象,制作出深入人心具有足够吸引力的动漫形象是动漫产业发展的关键。尽管重庆动漫产业以动画原创生产和加工企业为主,以生产和发行原创电视动画为优势,制作出了具有地域特色的原创动画《麻辣小冤家》和以代表中国符号的"乐乐熊"为主要角色的《魔盒与歌声》,这些动画也曾在央视少儿频道等平台播出,但整体来看,重庆动漫在形象设计、故事剧本、视听语言风格上缺少特色文化突出的动漫故事形象。

### (二)较高市场影响力的龙头企业

动漫产业集群的发展离不开众多动漫企业作为支撑,特别是动漫龙头企业的引领和带动。动漫龙头企业是提升动漫核心竞争力和推出动漫精品的关键,它能够发挥其品牌影响力,辐射带动其他相关企业的发展,引领区域内动漫中小型企业形成合作分工,形成互动性关联的"有机"群体以带动上下游中小企业的发展,产生人才、资金和技术的集聚效应。重庆动漫企业经过多年的不断发展,至2015年共获得文化部、财政部、国家税务总局认定动漫企业8家,获得重点动漫企业认定1家。这些获得国家认定的动漫企业是重庆动漫产业发展的重要支撑力量,它们中的绝大部分定位于动漫产业链的上游生产和代加工企业,衍生品开发、设计、制造等动漫产业链下游企业较少,具有较大市场影响力的龙头企业较少,难以促成产业优化集群效应。

### (三)动漫多层次人才的储备

"创意"是动漫产业各个环节发展的核心,原创动漫成果的推出源于动漫人才的创意创造。具备创新思维、系统专业知识和技能、高文化艺术素养、市场分析能力强的复合型动漫创意人才,对于动漫产业的发展至关重要。动漫产业集技术密集型、劳动密集型、知识密集型、资金密集型等特点于一身,有着对各层次人才的需求,除了领军式高端动漫创意人才,还包括原创型、科技型和技能型动漫人才。然而,我国自2004年动画产业化发展以来便存在人才缺口大,难以满足产业发展需求的问

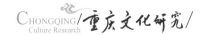

题。2015年,我国动漫人才缺口达40万人。其中,创意企划、编剧、导演等"高精尖"动漫人才储备匮乏,限制阻碍了重庆动漫品牌的发展壮大。

**(四)动漫园区和基地的集群效应**

动漫及其相关企业的集聚集群化发展是动漫产业发展的有效途径,有利于企业在聚合效应下实现资源、技术、设施的共享,形成互惠互利的协作关系,降低各项成本。动漫产业园区和基地作为动漫产业集群的具体载体,是各地区推进动漫产业发展的主要方式。重庆目前有企业型动漫产业园(重庆视美动画艺术有限责任公司、重庆享弘影视股份有限公司、重庆正大动梦科技有限公司),基地型动漫园区(重庆市南岸区茶园新区动画产业基地、中央职业教育实训基地—国家动漫游戏产业人才培养基地、重庆市动漫产业人才培训基地),以及与动漫产业密切关联的综合类企业集聚产业园及基地(海王星科技大厦、九龙文化创意产业基地、永川软件与信息服务外包产业园)等。虽然历时十多年的发展,重庆布局了众多国家级、市级动漫园区,然而从实际运作情况看,能够发挥集聚效应的动漫园区和基地较少,以目前视美动画和享弘影视为例,视美动画入驻水星科技大厦,享弘影视入驻海王星科技大厦,水星科技大厦、海王星科技大厦空间聚集效果较好,但聚集的企业主体多为IT企业和广告传媒公司,对于动漫产业集群效应的发挥作用并不显著。

## 五、供给侧与文化业态融合中的重庆动漫产业发展思考

自2010年以来,国内动漫产业的发展逐步从规模发展走向品牌发展。在政策和市场助推下,2012年,国内动漫生产企业出现逆增长,2014年,国内动漫生产企业由数量增长转向质量提升的趋势更加明显,动漫产业进入以精品、品牌、内容为主导的供给质量发展。

**1.营利模式单一向多元的转变,走多元化、差异化发展道路**

当下,重庆动漫产业主体力量主要为中小型企业,企业布局区别于以大型企业为主导的区域发展布局,仅发展"创意研究+设计制作+推广播出+IP品牌授权+衍生品"的模式不完全适应于中小企业规模效应的形成。因此,可以广泛探索营利模式单一向多元的转变途径,走多元化、差异化发展道路,探索发掘与区域传统产业相关联的动漫精品形象,避免高风险、长链条的全产业链发展模式,推动资金分散、人力分散、产业集聚力低的中小型动漫企业集中财力、物力、人力资本涵育优质区域动漫品牌。

**2.塑造富于文化创意且具有中华文化底蕴的原创动漫精品**

内容是动漫的生命力所在,内容为王、创意制胜是国内外动漫品牌获得成功的不变法则,文化元素的创造性运用是原创动漫的核心所在。因此,塑造富于文化创意且具有中华文化底蕴的原创动漫精品是关键,具体要在具备稀缺性、重复使用性文化资源特质的动漫创意领域进行精品文化打造,促进可供动漫产品开发的精品动漫故事剧本、动漫形象成型,并对精品文化提供公共服务和引导,推动无形文化资源向有形动漫精品转化。

**3.将"泛动漫"理念运用于城市社会发展,将动漫文化与区域产业、行业有效融合,提升动漫文化创意内容对于公众消费的吸引力**

重庆动漫消费具有较大的发展空间和需求。首先,重庆具有较大数量的动漫消费人群。其次,在全国动漫产业格局的构成中,重庆利用自身移动互联网、数字传媒和新兴游戏的发展优势,推进多元化新型动漫创意产业的融合发展,使文化创意和设计服务与工业制造、数字内容、人居环境、旅游产业充分融合,极大地促进了数字动漫产品、新媒体传播技术与文化消费的融合,使动漫内容产品在向数字化生产转化中,凭借网络的普及和网络化消费进一步拓展了重庆动漫的消费力量。因此,提高动漫在城市社会发展中的文化带动作用,促进动漫文化业态创新是提升重庆动漫产业发展的内动力,也是实现有效供给的手段。

**4.发展探索动漫人才培养机制,优化创意产业人才凝聚环境,适应文化产业供给侧发展需求**

人才作为动漫产业基本要素之一,在动漫产业发展中居于核心地位,其中复合式高层次人才是动漫产业发展的重要力量。复合式动漫高级从业人才具有创意性、技术性、人文性、跨学科性、管理性等特征,这类人才包括编剧、导演、策划、高级原画、营销管理、设计开发等。在当前动漫教育优质资源集中于东部沿海区域的形势下,推动重庆动漫产业核心要素供给升级转型包含以下两个方面的内容:

第一,发展多元化动漫人才联合培养机制。一方面,集中重庆高校自身优势特色与资源,探索联合培养复合式动漫高端人才机制;另一方面,探索学校协同社会联合培育动漫高端人才的培养机制。通过"引进来、送出去",加强动漫创意人才的国际交流与合作,借鉴优秀动漫教育机构、品牌动漫企业的培养方式和理念,推动形成动漫编剧、导演、策划、高级原画、营销管理、设计开发类人才培育理念的国际视野,通过引导高校、科研院所、动漫企业合作办学,形成"产学研"一体的学校协同社会联合培育机制。

第二,优化动漫产业基地和园区业态环境,促进集群化、规模化发展。当前,"规模小、分布散、力量弱"成为影响重庆动漫产业发展的结构性因素,推动形成"整合、凝聚、融合"集群化发展的结构布局,有利于实现区域内动漫企业专业化分工协作、有效配置社会生产要素。有效实现重庆动漫园区和基地的集群效应可从两个方面入手。其一,培育动漫龙头企业,以实现龙头企业的引领作用凝聚产业力。在政策引导与产业布局中坚持"扶强扶精"的原则,给予具备自主创新能力的骨干动漫企业和有品牌特色的动漫企业以重点培育和资金、税收、人才、市场配套等重点扶持,推动重点培育的动漫企业向规模化、精品化、国际化发展,发挥其在产业中的凝聚力量,进而带动其他中小企业在产业链的各个环节合理分工和产业技术升级。其二,完善动漫园区和基地社会化公共服务环境建设,提高产业园区公共服务能力。对当前布局的动漫及与动漫相关联的文化产业园区、基地进行区位优势和产业定位特色评估,建立分类、分层差异化管理机制,对于区位优势和产业特色明显的园区与基地,在社会化公共服务环境配套上应予以重点支持,通过整合政府、社会、企业等多元资源,帮助优势、特色园区和基地建设区内孵化、融资技术、交易等社会共享公共服务平台,实现低成本的信息、技术、人才、交易展示、成果转化、创业孵化、知识产权、融资等公共服务,形成优势、特色突出的良好产业园区公共服务环境,推动国内外高端动漫创意人才资源和企业资源的集聚。

## 六、结语

重庆直辖以后,社会经济稳定增长。随着居民可支配收入的增长,重庆消费者的消费观念、消费支出结构亦发生了变化。一方面使重庆文化消费由数量消费转向质量消费,由单一满足生存发展向满足多样化的娱乐享受消费结构转变;另一方面,重庆文化消费缺口扩大及发展潜力不断增长,进一步促使地区政策对文化消费的重视和投入。近年来,随着创投和IP与二次元文化消费、产业的融合,动漫会展成为与以数字网络为平台的动漫线上消费社区互补的二次元文化线下消费的主要场所。重庆动漫产业发展迅速,自2009年开办西部动漫文化节到2015年,实现参展企业2005家、观展84万人次、门票收入1434万元,项目签约金额285亿元,重庆已成为动漫会展消费主要城市。

综上,从动漫产业系统综合发展的角度来看,重庆动漫产业已经逐步走出原有门类结构单一、产业内部门类不完整的失衡状况,已经在原创电视动画、精品动画、动漫游戏开发、动漫衍生产品设计和制作、漫画图书及版权等动漫产业门类中基本铺开,其内容涉及动漫资本的运营、内容创作与制作加工、媒介传播、衍生开发和销售系统,重庆动漫生产已经迈入多元并进的阶段。

在重庆动漫产业由规模性发展进入优化供给的精品品牌建设转型发展阶段,重庆动漫产业仍需不断在发展模式、融资、运营方式上实现多元化,推动动漫与金融以及实体产业融合,推动文化产业供给和业态创新。重庆作为"一带一路"和"长江经济带"的联结点,在长江文化产业带的布局下,要实现文化对社会发展的引领,促进文化创意新业态的不断生成,为重庆动漫的发展注入不竭动力。

**参考文献:**

[1] 关于西部省区数字娱乐产业发展研究[EB/OL].(2009-6-5).http://www.exam8.com/lunwen/jingjixue/fazhan/200906/953743.html.

[2] 重庆数字出版基地业态丰富已初具规模 [EB/OL].(2009-4-2).http://news.pack.cn/show-23002.html.

[3]"灯下黑"——重庆手机游戏产业深度调查[EB/OL].(2013-12-3).http://www.sfw.cn/xinwen/433656.html.

[4]程宇宁.重庆创意产业发展报告(2014)[M].北京:社会科学文献出版社,2014.

[5]重庆出版集团耗资千万成功续约《冰与火之歌》[EB/OL].(2017-1-19).https://news.163.com/17/0119/04/CB486FST00018AOP.html.

[6]郭华.重庆市城镇居民文化消费的实证研究[D].重庆:重庆工商大学,2014.

[7] 动漫会展成动漫产业亮点行业发展势头向好[EB/OL].(2016-9-2).http://mt.sohu.com/20160902/n467374724.shtml.

[8]郝爽.国产动漫电影火了——产业火了,人才培养跟得上吗? [J].艺术教育,2015(11).

[9]卢斌,盘剑.中国动漫产业发展报告(2010—2011)[M].北京:社会科学文献出版社,2012.

[10]卢斌,盘剑.中国动漫产业发展报告(2016)[M].北京:社会科学文献出版社,2016.

# 抗战时期重庆的对外美术交流①

黄剑武

（重庆市文化和旅游研究院）

【摘要】外交的相对平等使中国获得了与国际文化对话的可能，陪都重庆的抗战文化已经开始置身于世界战争文化格局之下，中西文化交流开始了平等对话。西方的目光，看到了中国正义的、真实的、艰苦卓绝的抗日形象，看到了中国抗战的精神面貌和必胜决心。中国美术让世界认识到其魅力，并获得了广泛的国际支持和帮助。战前的西方文化单向输入方式渐渐发生改变，美术交流方式由中国被动接受西方美术转为中西相互交流。

【关键词】抗战；重庆；对外；宣传；文化；美术交流

五四运动以后，在民主、科学的高亢声浪中，在"救亡图强"的民族渴求下，向西方学习的要求愈加强烈。在中西文化、传统与现代、未来新文化等问题的激烈论辩中，不论是持激进变革主张者，还是持中西文化调和论者，虽然看待西方文化的态度有所不同，但都承认西方文化的先进性，认为需要向其学习。于是，一批批知识分子赴法国、日本等国学习西方文化，寻找改良文化的"良方"。而从西方话语看来，"东方作为西方定型化了的'他者'形象，其本身并不具备主体的认识能力……他们关于本身文化的认识必须经过西方的构建才能被人类社会普遍接受。因此，东方并不是一个主体，西方对东方的认识并不是建立在东方本体论的基础之上，东方人更不具有主体位格"②。而在自我看待中西文化的认识上，中国画被视为"衰败至极"，需要予以拯救。中西文化的交流是以承认文化他强我弱为前提开始的，基本没有西方国家主动参与到与中国文化的交流之中来，中西缺乏对话。因此，此时的对外文化交流是以学习西方为主，是在不对等话语下进行的，只有输入而几乎没有输出。

1938年1月1日，国民政府正式宣布在重庆对外办公。随着国民政府大部分机关迁至重庆，一大批高等院校、文化科研机构、文化精英包括知名美术家也开始向以成渝为中心的西部大迁移。出版中心也从上海、香港、北平等地向重庆转移，一大批报刊迁入重庆，重庆一时成为全国的文化、新闻出版中心。随着政治地位的改变，重庆引来了全世界关注的目光，重庆的对外文化交流开始频繁起

---

①本文为重庆市社会科学规划项目"抗战时期重庆美术作品与民族形象研究"（2020YBYS193）阶段性研究成果之一。
②林克勤.抗战时期重庆对外文化宣传阵地研究[M].成都：四川大学出版社，2013:188.

来。此时的重庆与国内其他省市相比,其军事、政治、文化位置突出,在对外文化交流中所起的作用最为显著。

**一、对外文化宣传机构职能的完善**

抗战中,对外文化交流的方向主要集中在宣传抗战和争取国外支持两个方面,为了争取更广泛的国际援助,国民政府进一步加强了其宣传机构的职能,扩大了其工作范围。1937年11月,国民党中央党部和国民政府军事委员会改组时成立了中央宣传部,下设国际宣传处,负责对外宣传,加强对外联络和宣传力度。"国宣处除在重庆设立总部以外,还在上海和香港设立了支部,在昆明设立了办事处,在纽约、旧金山、芝加哥、华盛顿、伦敦、悉尼、蒙特利尔、印度、新加坡等都设有办事处。其对宣传的途径,在国内主要是通过中国国际广播电台和报纸杂志,在国外则主要是通过这些办事处和驻外使节"[①]。"国宣处"一方面揭露日军暴行,另一方面也让同盟国、世界人民了解中国抗日斗争的艰苦卓绝,以赢得广泛的支持和同情,争取对话和协作的最大可能。同样,重庆美术界也加强了和西方国家的美术交流,频繁举办美术展览,同时也邀请西方各国来我国交流,举办美术展览。这些交流让西方体察到东方文明古国对日本侵略的正义抵抗,也激发了国内人民争取民族自由同仇敌忾之决心。1938年初,蒋介石即要求宣传机构"特别要加强对美进行宣传活动",指令军事委员会政治部陈诚、宣传部董显光和外交部王宠惠联合派员赴美加强开展宣传活动,"揭露日寇罪行,以引起美国舆论界同情,进一步促使其政府实施制裁手段"。[②]为了扩大宣传的广泛性,宣传工作需要进一步规范和加强,国民政府先后于1938年、1940年下发由中国国民党中央执行委员会宣传部编印的《战时宣传纲要》,并以此作为指导战时对外文化宣传的全国性文件。该文件涉及对美宣传、对英宣传和对日宣传等各方面的工作方式和要点,促进了对外文化宣传机构一系列职能的完善,有力地提升了对外文化宣传工作的力度和扩展了其范围。

国民政府军委会政治部第三厅在宣传工作中发挥了重要的作用,第三厅是国民政府主管抗日对外文化宣传的政府机构,其实又是共产党领导下的文化宣传阵地,在国共第二次合作的政治背景中,对外交流工作趋向统一,取得了较好的效果。新闻出版是宣传工作的喉舌,在对外交流中起着不可忽视的重要作用。国民政府迁都重庆后,抗战宣传和文化交流的工作力度加大,重庆的出版业也兴盛起来。抗战前重庆仅有大小书店40多家,大型印刷厂17家;而到1942年为止,战时重庆已有书店145家,印刷厂131家,出版图书1292种,期刊220种。[③]文化出版发行机构的迁入,为对外文化交流充当了媒介,开拓了政治对话的空间,更重要的是,出版物的传播一方面为老百姓提供了文艺资讯,使其阅读到国内外的文艺作品,从而起到了启迪民智的作用,另一方面大大加强了中外文化的交流,在参与国际反法西斯的战争中,增强了中国人民争取外援的意志和抗日必胜的决心。

①林克勤.抗战时期重庆对外文化宣传阵地研究[M].成都:四川大学出版社,2013:30.
②民革中央孙中山研究学会重庆分会.重庆抗战文化史[M].北京:团结出版社,2005:163.
③张育仁.重庆抗战新闻与文化传播史[M].重庆:重庆出版社,2009:222-223.

抗战期间,除了官方组织的对外文化交流宣传活动以外,值得关注的是,另一种外交方式开始出现,即国民外交方式。民间外交的主体多为一些半官方、半民间的对外交流社团,它们往往采用会谈、访问、民间贸易、文化交流等形式,通过与国外民间团体的相互往来促进中国与同盟国关系的发展。国民外交迅速成为官方对外文化交流的有力补充。国民外交的主体是民间社团,它们能站在民族存亡的角度,开展对外文化交流工作,更能代表民间文化的声音。据统计,1938—1945年间,在渝全国性对外团体共计有9个,其中比较著名的是保卫中国同盟,还有中美、中英、中苏、中缅、中法比瑞、中韩文化协会等。[①]它们主要从事一系列抗日救亡的组织和宣传活动,促进了中国和各国的政治对话和文化交流。以中苏文化协会为例,中苏文化协会的宗旨是"把中国固有文化,以及新兴的抗战艺术作品,整理搜集起来,介绍到苏联去,使苏联友人时时明了中国固有文化之价值,及如何在艰苦奋斗中尚能支持文化工作",以及"把苏联方面的文化动态及文艺成绩,介绍到中国来,使中国同胞更可以认清苏联"。[②]协会积极开展了以下两个方面的工作,一是向苏联介绍中国的悠久文化,派遣艺术团访问苏联。从国家馆藏文物中挑选珍贵的文物、从中国各地征集优秀的抗战题材的艺术作品去苏联举办展览,把中国优秀的各类艺术作品介绍给苏联人民,如1940年在苏联举办了大型中国艺术展览会等活动。二是向中国人民介绍苏联的情况,如协会的刊物《中苏文化》杂志刊登的文章几乎涵盖了苏联军事、政治、经济、科学研究、工农业建设、文学艺术等各方面的情况。协会经常组织各种活动,协会本部和各地分会广泛举行联谊会和展览会。不管是举办展览还是开展其他各种文化活动,协会对外文化交流始终坚持宣传抗战、争取外援、建立统一战线、与苏联人民并肩战斗,形成国内外坚实的战斗宣传堡垒,为争取抗战的胜利做出了贡献。

### 二、平等对话的文化交流

对外宣传机构职能的完善和优化,为中外文化交流开启了一个新的局面。抗战期间,苏、英、美等多个反法西斯的国家在重庆设有使馆,外国新闻机构随之迁入重庆,一些反法西斯的国际性组织也在重庆成立,为重庆的对外文化交流提供了基础。太平洋战争的爆发,使中国的抗日战争与第二次世界大战联系起来,世界反法西斯统一战线形成后,重庆作为世界反法西斯阵营的重要成员,成为亚太地区反法西斯战争的指挥中心、世界反法西斯统一战线各种力量在远东的结合地,也成为抗战时期中国的外交中心。取得反法西斯战争胜利的共同目标,使中国的国际地位在战时迅速提高,外交的相对平等使中国获得了与国际文化对话的可能。要体现重庆美术在世界开放体系中的独特性,中西文化交流和平等对话是前提。此时,重庆抗战文化已经置身于世界战争文化格局之下,中外美术交流相关活动逐渐频繁,中国美术的国际舞台被打开,各种美术作品不断地出现在国际舞台上,一些画家的国际声望也开始提高。比较活跃的画家有徐悲鸿、张善子、张大千、张书旂等,影响力比较

①林克勤.抗战时期重庆对外文化宣传阵地研究[M].成都:四川大学出版社,2013:31–31.
②张建军.日本侵华史研究.2017第4卷[G].南京:南京出版社,2017:74.

大的文化活动是莫斯科东方文化博物馆主办的"中国艺术展览会"以及中国木刻研究会和中苏文协合办的几次中苏木刻交流展。

1938年底,张善子在周恩来、林森、许世英等人的赞助下,到各国办画展宣传抗战,并募集援华抗日捐款。他和其弟张大千携带他俩的作品180余件赴法国、美国展览,获得了世界性的广泛影响。他说:"多卖出一幅画,就多一颗射向敌人的子弹,就多一份支援国家抗战的力量!"①他所到之处,当地新闻媒体都对其进行报道,各国人民无不被他的抗战决心所感动。在此期间,他还"受到当时法国总统勒白朗和美国总统罗斯福的多次接见",为感谢美国政府对中国抗战的声援和支持,表达抗战的决心,张善子还特地绘制了几幅题名为《中国怒吼了》的中国画,赠送给罗斯福总统和赫尔国务卿等人。②张善子和飞虎队队长陈纳德上校的一段友情,也被百姓熟知和传颂。张善子曾给陈纳德画了一幅《飞虎图》,陈纳德视如珍宝,悉心收藏。后来陈纳德组成的飞行队就是以"飞虎"二字命名,来到中国参加抗日空运战线,战后,这幅《飞虎图》由美国国家博物馆珍藏至今。他还以天主教徒的身份,创作了许多取材于《圣经》故事,寓意正义战胜邪恶,光明驱除黑暗的作品,如《圣经抗战图》《大卫大败戈力亚》《罗底德智杀阿洛弗尔》等,赠给美国的宗教团体与学校,受到了美国宗教界和许多信教群众的热烈欢迎。③张善子在国外艺术交流近两年,在这两年中,他举办了一百多次画展,而他个人所做的抗战演讲更是不计其数,张善子前后所募得的款项总共达到了一百多万美元,其中仅他个人的义卖画虎就得款十余万美元。他把这笔巨款悉数寄回国,支援祖国的抗战事业。对此,当时的《新华日报》《大公报》等,对张善子的高尚品德和赤诚的爱国主义精神给予了很高的评价。张善子也以自己精湛的技艺,使中国画走向了世界,赢得了西方美术界和外国友人的认可,使古老的民族艺术获得了较高的国际声誉。④1939年1月,张善子兄弟绘画巡展抵达法国,当时的法国总统勒勃郎曾亲往参观,并赞扬张善子实为"东方近代艺术的代表",对他热爱自己祖国的行为"至为钦佩",并向他颁授勋章以作纪念。1940年6月12日,美国纽约佛恩大学特别授赠张善子名誉法学博士称号。在此前后,华盛顿黑人大学、芝加哥艺术学院、哥伦比亚艺术学院、纽约女子美专等也纷纷聘请张善子担任他们的名誉教授。为此,罗斯福总统夫人常尊敬地称张善子为"世界艺术教授"。⑤

抗战全面爆发后,张书旂随中央大学来到重庆。抗战期间,张书旂赠画罗斯福总统的事情被文化界津津乐道,一时传为佳话。在1940年,罗斯福再次当选总统,成为美国历史上首位三连任的总统,时任国民政府外交部部长的王宠惠获悉后,出于对外交工作的考虑,委托张书旂精心构思创作了一幅画赠送给罗斯福作为贺礼。六个月前,张书旂偶见鸽舍之鸽子,曾言欲创作一幅鸽子图举赠有助于世界和平之人,此次罗斯福总统连任是一契机,正好完成夙愿。张书旂欣然接受委托后,悉心观察鸽子的飞翔、蹲伏、鸣叫、追逐、啄食等不同神态,经过精心构思,画出一幅《百鸽图》。《百鸽图》构思

①王东伟.张善子和他的抗日宣传画[J].四川文物,1986(2):37-40.
②许清泉,文学武.战火洗礼:1937—1949[M].郑州:河南人民出版社,2018:223.
③成都市政协文史学习委员会.成都文史资料选编:抗日战争卷上·救亡图存[M].成都:四川人民出版社,2007:507.
④成都市政协文史学习委员会.成都文史资料选编:抗日战争卷上·救亡图存[M].成都:四川人民出版社,2007:507-508.
⑤成都市政协文史学习委员会.成都文史资料选编:抗日战争卷上·救亡图存[M].成都:四川人民出版社,2007:508.

巧妙,笔墨严谨,造型生动,上衬相思树,下配杜鹃花,画面上一百只和平鸽姿态各异,或飞或立或展翅,虚实相生、栩栩如生、生机盎然,洋溢着和谐之景象,寓意为和平之愿望。当时的《新民报》刊载了张书旂《百鸽图》的创作经历及赠画仪式的始由。刊文写道:"张第日往看鸽,其翔也如何,其伏也如何,谷谷而鸣也如何,一一皆得其神,默识其心,而未及于落墨。迨罗斯福三度膺选美总统,张矍然曰:'此画有主矣。'遂举巨幅纸,高阔如堵壁,一一缀鸽影于其上,其数凡百。翔也,伏也,谷谷而鸣也,似将破纸而飞,其迟迟未去者。迨将矣伴其和平主人也。张道藩君闻有此画,遂请以中美文化协会名义,举赠美总统;中大艺术系以张为教授故,坚请以中央大学名义书之。最后决定,两者并列焉。中大校长罗家伦,特乞蒋公就图上题'信义和平'四字,俾成双绝,画已赍往,即可签书。他日出图之前或将举行一次展览,爱画者当能一饱其眼福也。"[①]

**赠罗斯福总统的《百鸽图》 中国画 张书旂 1940年**

《百鸽图》赠送仪式于1940年12月23日在重庆嘉陵宾馆举行,由中央大学校长罗家伦主持盛大的茶会并柬请中外来宾参加。国民党要员孔祥熙、王宠惠、王世杰以及美英大使等到会,宾主共百余人。赠画仪式中,由张书旂亲自将《百鸽图》交给美国大使詹森。罗家伦在赠送仪式上表示赠画之意,献赠《百鸽图》一是表示庆祝罗斯福总统三届连任,拥护罗斯福总统为促进世界和平所做的努力,二是希望以和平促进邦交。12月18日,《新民报》刊载的《画百鸽图赠送记》一文写道,罗校长主持居中,美大使及作者张书旂教授左右立,开始举行赠画仪式了,罗校长致辞庆祝罗总统三届连任,说明赠送和平之鸟是为着达到世界和平的目的,是为了增进邦交;词毕,张教授慎重地拿起画来,送到美大使手里,大使表示至深谢意。[②]赠送仪式结束后,《百鸽图》被送往美国并被罗斯福珍藏,后被陈列于白宫的一个大厅里,《百鸽图》成为有史以来第一幅陈列在白宫的中国画。后来,美方还邀请张书

①张书旂画百鸽图[N].新民报,1940-12-18.

②画百鸽图赠送记[N].新民报,1940-12-24.

旂赴美参加庆典和宣传中国文化艺术。"国画外交"使张书旂的中国画艺术在外交工作中成为美谈，《百鸽图》在对外文化交流中充当了"和平使者"的角色。

重庆美术界以木刻为媒，和英国、印度等国的美术界有深入的交流。据中国木刻研究会统计，仅大规模的中国木刻作品展在英国就举办过两次，在印度举办了三次。1943年4月，印度木刻家克拉瓦地以他的个人木刻集《喜马拉雅山的呼声》一册，托漫画家叶浅予归国时转送重庆木研会。同年7月6日，印度国际大学在加尔各答国际大厦举行"中国木刻展览会"，展出20余位作者共59幅作品，同时展出中国抗战的战利品及相关图片。

徐悲鸿在渝期间，和东南亚的文化交流频繁。1938年10月，徐悲鸿携带大批作品离渝到达香港，开始了为期三年多在东南亚的筹赈画展。1940年徐悲鸿应印度诗哲泰戈尔的邀请转赴印度国际大学讲学，并先后在圣地亚克和加尔各答举办画展。①在印度，徐悲鸿利用一切机会宣传抗日，一边为国际大学美术学院讲课，一边进行各种社交活动。同年11月，徐悲鸿从印度返回新加坡，受吉隆坡、槟榔屿、怡保等地华侨邀请，举办了筹赈画展。在吉隆坡、槟榔屿、怡保三城市举行的筹赈画展，盛况空前，引起轰动，徐悲鸿借此机会极力宣传国内抗战情况。1938年底至1945年5月，徐悲鸿在南洋各地举办了数次筹赈画展，他把画展所得巨额收入，全部捐献给了祖国。

除此之外，还有其他不少画家参与到对外美术交流中，为中国艺术争取国际话语权，获得了国际社会的支持和认可。1943年夏，叶浅予受史迪威将军的邀请，赴印度军区作画，创作了大量的作品。回国后于1944年5月4日在重庆举办了"叶浅予旅印画展"。1944年7月，木刻研究会选送多幅木刻送印度展出。在印度展出时，受到亚细亚民间艺术协会的重视，其特邀中国木刻研究会再送作品参加在印度举办的亚细亚民间美术展览会。1945年，中国送了30余幅木刻作品去孟买，参加在孟买举行的国际艺术展览会。

### 三、"他者"的目光和审美功能的体认

"他者"这个概念发端于葛兰西的文化霸权理论和福柯的"知识—权力—支配"理论，后经萨义德在《东方学》中进一步深化，其内涵为东方主义视角下的西方话语支配，即东方为西方定型化了的"他者"形象。从"他者"的角度观照中国抗战文化话语，与从中国主体出发去阐释传播抗战文化话语，是有一定区别的。我们可以认为，从"他者"角度对中国抗战文化话语的阐发，是对抗战文化话语完整具象的补充。抗战中，中国对外艺术交流从被动转向了主动，即西方国家关注中国艺术，开始主动发出邀请与中国进行交流。在苏联、美国对中国美术的一系列活动及其报道中，我们力图通过"他者"眼光来观照中国抗战文化话语。

苏联艺术委员会为加强苏联人民对中国艺术之精神及对抗日战争情况的了解，责成苏联国立东方文化博物馆主办"中国艺术展览会"，经过近一年的筹备，于1940年1月在东方文化博物馆盛大开

①黄宗贤.大忧患时代的抉择:抗战时期大后方美术研究[M].重庆:重庆出版社,2000:100.

幕。出席开幕式的有苏联艺术委员会主席克拉勃盛科、副主席洛多夫里科夫、外交人民委员会副委员长洛索夫斯基、中国驻苏大使杨杰及中国大使馆工作人员、苏联著名画家、建筑家、作曲家及外交人民委员会、全苏对外文化协会、艺术委员会等各机关工作人员、新闻记者等三千余人,由艺术委员会副主席洛多夫里科夫致开幕词。他诚挚地感谢中国政府对此次展览会的大力支持,并对各种展品给予了极高的评价。他在开幕词中称这个展览意义重大,说这次展览超乎文化艺术的范围,而且是证明两国人民友谊的具体表示,在苏联单独举行友邦的文化或艺术展览会,中国艺展尚为创举。为了更好地宣传这个展览会,苏方特请美术家绘制五大幅不同宣传画,分别挂在五大中心广场,其中有一幅画面以中国织锦图案为底,左边画上松、竹、梅,右下角绘戴有红飘带的大刀,其寓意是中国用自身的力量保卫中华民族文化。开幕式发出的请柬,以竹子作封面,取意中华民族具有坚韧不拔的精神,有如竹子在暴风雨中挺拔自立,含意深刻。苏方的五幅宣传画是对中国抗日自卫的肯定及对中国传统文化、美术的尊重。展览会规模十分庞大,展场分十七室及一大厅,展出内容分为日用、装饰、宗教、抗战四大类,展品有铜器、玉器、陶器、织绣、书画、雕漆、牙雕、景泰蓝、首饰、印刷品等共计**1400**余件。

艺展开幕后,各界人士纷纷前往参观,其中有艺术家、历史学家,也有大批工人,如纺织工人、手工艺工人、陶瓷业工人等,还有大、中、小学生和美术爱好者。他们对展品兴趣甚浓,对中国抗战绘画颇为欣赏,就连牧师为学习东方史也来此参观。苏联各报特载展览会开幕典礼与苏联对外文化协会招待会的盛况,并刊登苏联艺术家对展品的评介文章。苏联老画家格拉巴观展后说,苏联人民对为国家独立而战之中国人民寄予无限之同情,中国之历史充满灿烂之文化与伟大之艺术,苏联人民对于中国悠久之历史莫不感觉深切之兴趣,中国政府此次特运其艺术品来苏,俾吾人得知中国艺术发展之历史,盛意隆情,至深感激。莫斯科交通研究院某学生在留言簿上写道:"具有如此先进文化,如此伟大艺术之民族,非其他民族所能奴役者也。"

苏联艺术家虽然认为参展的中国现代美术作品的某些技巧技法还需要提高,但是对作品起到的鼓舞斗争精神的作用都非常认同,认为"那前进艺术家的新的、年青的、进步的创作,已经成为坚决争取民族独立自由的中华民族的有力的斗争武器"。一批迁居重庆的国画家的作品,备受关注。其中潘韵一人参展的作品就有《敌机肆虐图》《庐山孤军》《起来!前进!冲杀!》《哨兵的雄姿》《高风劲节》等十幅,虽然许多作品现已不存,但我们可以从当年苏联评论家的文章中,领略其大貌。《敌机肆虐图》"描写了日本强盗在非武装村民头上作血的裁判。低飞的飞机,炸弹的爆发,火烧的尸体,无人援救,匍匐而行的受伤者,狼狈不堪的人民——那种戏剧性的场面是被潘韵所剪裁的"[1]。另两幅《高风劲节》《起来!前进!冲杀!》同样是反映民众英勇抗敌之作。该展反响强烈,在莫斯科闭展后,又继续在苏联其他大城市巡回展出,直至1942年10月,历时两年,观众逾千万人次。这个展览门类众多,形式多样,赢得了苏联人民的热烈欢迎,是抗战时期第一个在国外举办的规模盛大、时间较长的中国

①黄宗贤.大忧患时代的抉择:抗战时期大后方美术研究[M].重庆:重庆出版社,2000:237.

艺术展。太平洋战争爆发以前,中国的抗日自卫战争没有西方国家政府的直接支持,而且西方国家对中国文化也不甚了解。太平洋战争爆发后,中国成为世界反法西斯阵营中的重要成员,反法西斯战争成为同盟国共同的目标,国际战争形势变化,使得中国在反法西斯战争中不再是孤军作战了,对外文化交流也增强了,西方对中国的美术开始有了较深入的了解。重庆不仅是"中国的战斗堡垒,也由此成为世界反法西斯的中心之一"①。

中国和苏联的美术交流以木刻艺术为代表,两国之间的互动交流极具成效,从另一方面看,也指导了中国木刻工作者的创作,推动了中国木刻艺术的进一步发展。1942年初,以重庆版画家为主体的中国美术家250余人联名致信苏联木刻家,从和平的角度,对其反法西斯侵略付出的努力表示敬意,信中热情洋溢地写道"正和我们中华民族一样,你们也同样为了捍卫自己祖国和人类文明、世界和平而艰苦奋斗着,历史的重任分别压在爱好和平的民族肩上,苏联的木刻家和你们祖国人民一样地卷入这战斗的洪流里……不断地用自己的作品在打击敌人"。真诚地表达了对苏联美术家的崇敬之情。"中国的木刻工作者,站在辽远的国土,遥向着你们英勇斗争的姿态,表示无限的敬意与钦佩。过去,我们曾得到你们宝贵的经验的教训,……今日我们稍稍有一定成绩,比起你们来一定是很觉惭愧的……"②为了达到反法西斯侵略,最终取得胜利的共同目标,两国人民紧紧联系在一起,两国木刻工作者紧紧联系在一起,交流更加频繁。1942年5月3日,中国木刻研究会和中苏文化协会合办的"中国木刻作品送苏展览"在重庆中苏文化协会举行预展。展览结束后,作品运往莫斯科展出。展览期间,苏联艺术家100余人在莫斯科参观展览并举行座谈会,由艺术批评家苏沃洛夫执笔的《评中国木刻艺术》一文,在《中苏文化》杂志上发表,美术交流向学术探讨发展。鉴于中苏双方的战争友谊和艺术交流,全苏艺术联盟组织委员会主席格拉西莫夫给中国木刻家们回了一封热情洋溢的信,并把苏联艺术家的手拓木刻作品,连同铜刻、石刻、粉笔画等200余幅作品回赠给中国木刻界,"以作为我们与伟大中国人民和艺术家间的一个友情的标记"。1943年3月16、至22日中苏文协举办的苏联版画艺术展览也非常成功,展览七日,参观人数达5万人。《新华日报》《新蜀报》《国民公报》为此出了特刊,专门推介参展作品并发表相关评论文章。其中东君的文章说:"苏联版画传授给我们的,不光只是战斗的技术,更重要的是战斗精神。那改变世界,消灭敌人,拥抱生活的热情,滔滔地涌扑过去,顿河、伏尔加河和长江、黄河交流了!"③由于中国与苏联互为邻邦,长久以来两国有着密切的联系,更由于"苏联的木刻艺术对于中国新兴木刻版画,始终是尽着提携与指导的责任"的缘故,④中苏的美术交流更为深入。抗战使中苏美术家交流频繁,仅1942—1943年,在重庆举办的与苏联有关的美术展览和活动就有8次。⑤抗战中,中苏美术家的频繁交流加深了两国之间的友谊,开阔了中国美术家的国际视野。

①谭宗级,洁心.战时陪都重庆的历史地位和作用[G]//顾乐观.中国重庆抗战陪都史:国际学术研讨会论文集.北京:华文出版社,1995:36.
②肖玉秋,阎国栋,陈金鹏.中俄文化交流史.清代民国卷[M].天津:天津人民出版社,2016:406.
③黄宗贤.大忧患时代的抉择:抗战时期大后方美术研究[M].重庆:重庆出版社,2000:98.
④黄宗贤.大忧患时代的抉择:抗战时期大后方美术研究[M].重庆:重庆出版社,2000:97.
⑤黄宗贤.大忧患时代的抉择:抗战时期大后方美术研究[M].重庆:重庆出版社,2000:99.

1942年后，不但重庆的美术家去美国举办巡展，而且他们的作品还应邀送往美国参加各种活动和宣传，这大大促进了国内外文化交流。1942年11月，"中国抗战美术作品展览"在纽约举办，展出了著名画家黄君璧、吕斯百、吴作人、张安治、常书鸿、王琦等人的国画、油画作品百余幅，受到各界人士热烈欢迎。中国的木刻作品还受到美国媒体的关注，在美国的《时代》《生活》等著名杂志上刊发。曾有人评价道："中国的木刻像星光一样在太平洋彼岸之邦不断闪烁。这闪烁照耀了许多爱好艺术的美国人的眼睛。"[1]1945年日本侵略者投降前夕，《生活》杂志驻华记者白修德为征集中国版画作品走访了木研会主要成员，并去陕北延安访问，得到延安版画家们的支持。延安版画家们赠送了他一批版画作品，随后他把在国统区与解放区征集到的版画作品送回了美国。1945年4月9日，美国《生活》杂志发表了14幅中国木刻作品，并用《木刻帮助中国人民进行斗争》作为标题，肯定了木刻版画在伟大抗日战争中所起到的宣传作用。1945年7月，《幸福》杂志上也刊载了十几幅中国的漫画和木刻作品。

中国画家在与西方各国的交流中，对西方艺术有了更深入的认识，战火中的淬炼使中国画家对现实主义绘画创作有了更多的理解，为创作注入了新的内涵。从1938年到1946年间中国的对外文化交流活动来看，对外文化交流起到了如下作用：一是促进国家形象向良好方面转化；二是在文化交流中，让世界认识到了中国美术的魅力；三是提升了中国美术创作的水平。抗战时期的重庆美术在对外交流中的"他者"目光里，改变了中国屡遭欺凌的形象，让世界人民看到了中国正义的、真实的、艰苦卓绝的抗日战争形象，看到了中国抗战的精神面貌和必胜决心。需要指出的是，西方各国对中国审美的体认是建立在反法西斯战争正义联盟之上的，即政治和宣传的联盟，而并非针对中国美术本身。因此，抗战时期的中西方文化对话具有相对性。中国美术在艺术本体层面和西方美术进行交流对话，基本上是在20世纪80年代以后了。由于西方话语体系的长期存在，中西方在这个层面的真正对话其实是具有一定难度的，中国还需要继续努力。抗战提高了中国的国际地位，使文化话语权得到提升，也使中外美术宣传交流进入了一个活跃期。战前西方美术的单向输入方式渐渐发生改变，美术交流方式由中国被动接受西方美术转为中西相互交流，也让中国美术家在交流中体认到了民族艺术的独特价值，进一步思考独立民族应有的美术审美形态和今后的发展方向，为抗战的胜利做出了不可磨灭的巨大贡献。

**参考文献**

[1]林克勤.抗战时期重庆对外文化宣传阵地研究[M].成都：四川大学出版社，2013.

[2]民革中央孙中山研究学会重庆分会.重庆抗战文化史[M].北京：团结出版社，2005.

[3]张育仁.重庆抗战新闻与文化传播史[M].重庆：重庆出版社，2009.

[4]张建军.日本侵华史研究.2017第4卷[G].南京：南京出版社，2017.

[5]王东伟.张善子和他的抗日宣传画[J].四川文物，1986(2)：37-40.

[1]黄宗贤.大忧患时代的抉择：抗战时期大后方美术研究[M].重庆：重庆出版社，2000:99-100.

[6]许清泉,文学武.战火洗礼:1937—1949[M].郑州:河南人民出版社,2018.

[7]成都市政协文史学习委员会.成都文史资料选编:抗日战争卷上·救亡图存[M].成都:四川人民出版社,2007.

[8]张书旂画百鸽图[N].新民报,1940-12-18.

[9]画百鸽图赠送记[N].新民报,1940-12-24.

[10]黄宗贤.大忧患时代的抉择:抗战时期大后方美术研究[M].重庆:重庆出版社,2000.

[11]谭宗级,洁心.战时陪都重庆的历史地位和作用[G]//顾乐观.中国重庆抗战陪都史:国际学术研讨会论文集.北京:华文出版社,1995.

[12]肖玉秋,阎国栋,陈金鹏.中俄文化交流史·清代民国卷[M].天津:天津人民出版社,2016.

# 重庆市歌剧院发展研究系列评论

编者按：2020年，重庆市文化和旅游研究院继续开展"重庆市专业文艺院团舞台艺术系列研究"活动。近年来，重庆市歌剧院佳作连连，在作品呈现、项目策划、人才培养等方面展示了出众的活力。这组文章分别从歌剧院的文化视野和项目策划、艺术形式及特色、人才培养等方面，系统梳理了重庆市歌剧院的历史传统、艺术特色和发展思路，以期促进重庆市专业文艺院团发展。

## 历史、现实和人的精神世界——重庆市歌剧院的艺术历程和当下创作

吕霖枫（重庆市文化和旅游研究院）

重庆市歌剧院是从事歌剧表演艺术事业历史最长的专业艺术院团，享誉西南。该院成立于1953年，迄今已走过了60多年的光辉岁月。1952年，根据文化部第二次文化工作会议"关于整顿和加强全国剧团工作，发展剧场艺术"的指示，由西南人民艺术剧院实验歌剧团实验剧团和戏剧系与西南人民文工团合并组建西南人民艺术剧院歌舞剧团。1953年1月1日，西南人民艺术剧院歌舞剧团正式成立。西南行政大区撤销后，西南人民艺术剧院划归四川省领导，改名四川人民艺术剧院，同时四川省民族歌舞团和西康省歌舞团与西南人民艺术剧院歌舞团合并，分别组建成四川人民艺术剧院歌舞团和四川人民艺术剧院实验歌剧团。1958年3月，四川省人民艺术剧院实验歌剧团与重庆市歌舞团合并，成立了重庆市歌舞剧团。1964年，重庆市歌舞剧团解散，分别成立重庆市歌舞团和重庆市歌剧团。1968年两团合并，恢复重庆市歌舞剧团建制。1975年恢复重庆市歌剧团建制，1992年改名为重庆市歌剧院。2007年，重庆直辖十周年之际，由重庆市政府批准成立重庆交响乐团，重庆市歌剧院成为"一套班子、两块牌子"的事业单位，更成为重庆高雅艺术的中坚力量。一路走来，重庆市歌剧院积累了丰富的艺术经验，培养了一代又一代的演职员队伍。近年来，重庆市歌剧院推出了一系列歌剧精品，取得了骄人的成绩，这与该院的历史积淀是分不开的。

### 一、关注时代发展，反映社会现实——重庆市歌剧院的优良传统

从历史的角度，纵观重庆市歌剧院的发展，可以看出，该院一直积极响应国家号召，把握时代脉

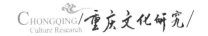

搏,关注时代发展,反映社会现实。

1953年1月中旬,为配合中国人民第二届赴朝慰问团西南分团文工队汇报演出,西南人民艺术剧院歌舞剧团(重庆市歌剧院的前身,以下皆简称"剧团")由纪倜任副领队,先后在重庆、成都、雅安、康定等地为广大人民群众和当地驻军演出了《一颗子弹一包糖》《王大妈要和平》等剧目,历时一月有余。同年,为配合《婚姻法》的宣传工作,又移植评剧剧目,创作了大型歌剧《小女婿》,该剧以华北和东北民间歌曲为基调,采用歌谣体的结构,大胆吸收了戏曲打击乐的表现方法。随后,剧团深入宝成铁路建设沿线,慰问筑路工人,又赴朝慰问中国人民志愿军和朝鲜人民军及众民,历时40多天,共慰问演出和参加联欢150多场,观众19万多人次。回国后,又慰问中国人民志愿军归国部队,先后在华东地区慰问演出40多天,演出40多场,观众达42000人次。1954年返回重庆,随即又参加了全国人民慰问中国人民解放军代表团第三总分团赴云南、贵州等地慰问部队,历时80多天,演出137场,观众达14万多人次。20世纪50年代初期,为贯彻"发展剧场艺术"的要求,剧团对乐队进行了整顿,将西洋乐器和民族乐器组成混合乐队,分声部以改变大齐奏的老套路,专职指挥也开始出现。

1955年至1958年期间,剧团创作演出了许多反映现实生活的剧目,如大型歌剧《矿灯长明》、《五瀑河之歌》、《地下之火》、《活着的向秀丽——王自容》、《大巴山游击队》、《满月酒》以及中小型歌剧《喜中喜》、《雨过天晴》等。这些作品尽管艺术水平不高,但"为人民服务"的精神值得称赞。短短几年里,剧团在创作、演出大量剧(节)目的同时,积累了许多长演不衰的保留剧目,如大型歌剧《洪湖赤卫队》、《柯山红日》、《红珊瑚》、《红霞》、《红云崖》、《红梅岭》以及苏联轻喜歌剧《货郎与小姐》和中小型歌剧《三月三》、《木匠迎亲》、《吹鼓手招亲》等。此外,为反映"厂社结合"谋发展,歌颂就地取材搞建设的精神,剧团突击创作了一大批歌剧,如大型歌剧《坏人逼我上荒山》、《渠水流长》,以及中小型歌剧《王大妈教子》、《好工属》、《河沙问题》、《工农一家》等剧目,深入工厂、矿山等巡回演出。

1969年8月,为庆祝八一建军节,剧团在人民大礼堂演出了小歌舞剧《出发之前》。1970年,剧团创作出五场歌剧《洪山渡》,试演后,引起社会各界的极大反响,展现了歌剧艺术的巨大魅力。此后,剧团又创作了大型歌剧《海岛女民兵》《育苗》,小歌剧《换工》《母女俩》《好媳妇》《两把尺子》《大队委员》《关键问题》等一批反映社会现实的剧目。在演出创作歌剧的同时,剧团也选演了一批小歌剧,如《春风杨柳》《一包红糖》等。

1976年11月,剧团创作了大型歌剧《峭壁山花》,接着又恢复了歌舞剧《刘三姐》、《江姐》(本团创作)、《红云崖》(本团创作)和外国轻喜歌剧《货郎与小姐》的演出。1978年12月,剧团在重庆剧场试演了话剧《于无声处》,开创了歌剧团演话剧的先例;而后又移植创作了八场喜歌剧《甜蜜的事业》,随即陆续演出了话剧《报春花》,歌剧《救救她》(本团作曲)、《友谊与爱情的传说》、《香港大亨》(本团改编作曲),喜歌剧《货郎与小姐》、《烦恼的笑声》、《议价爱情》(本团改编作曲),多场景歌剧《灵与肉》(本团改编作曲),歌剧《天涯歌女》(本团改编作曲)。特别要提到的是,经过7年努力,12次修改,反映彝族人民在贯彻执行党的"家庭联产承包责任制"政策富裕起来后,青年男女追求幸福生活的六场歌剧《火把节》，演出后引起了社会各界和同行们的兴趣以及全国歌剧研究会的注意。1984年6月至7月，剧团先后参加了全国歌剧研究会和文化部在北京举行的歌剧调演以及文化部1984年戏曲、话剧、歌剧现代题材戏调演，获得11个奖项，并分别受到四川省政府和重庆市政府的表彰和奖励。

经过5年的艰苦奋斗，精心锤炼，重庆市歌剧院组织创作的四幕大型歌剧《巫山神女》终于在1997年隆重上演，并先后应邀参加文化部在北京举办的中国国际歌剧·舞剧年展演和在成都举办的第五届中国艺术节。原文化部副部长潘震宇代表艺术节组委会给《巫山神女》剧组颁发了荣誉证书。1998年，《巫山神女》获得文化部颁发的文华新剧目奖、文华音乐创作奖、文华导演奖、文华表演奖。1999年，该剧获中共中央宣传部颁发的"五个一工程"奖。

在建院以来的几十年里，重庆市歌剧院就紧跟时代发展，积极响应国家号召，无论是在思想上，还是在艺术上都经受住了时代的考验，并且取得了很大的成绩。其剧目有一个很大的相同之处，那就是紧跟时代发展，关注当下社会现实。这一宝贵的艺术传统，一直延续到今天。

### 二、关注人的精神活动，观照当下社会现实——重庆市歌剧院近年来的歌剧创作

习近平总书记在中国文联十大、中国作协九大开幕式上的讲话中强调："要把提高作品的精神高度、文化内涵、艺术价值作为追求，让目光再广大一些、再深远一些，向着人类最先进的方面注目，向着人类精神世界的最深处探寻，同时直面当下中国人民的生存现实，创造出丰富多样的中国故事、中国形象、中国旋律，为世界贡献特殊的声响和色彩、展现特殊的诗情和意境。"重庆市歌剧院坚定不移沿着总书记的指引方向，在艺术创作上奋力前行。重庆市歌剧院始终如一地坚持自身的创作原则，关注人的精神世界，观照当下社会现实，始终坚持"以人民为中心"的创作导向，努力描绘"重庆特征、中国气魄、国际水准"的艺术蓝图。2020年，重庆市歌剧院启动民族歌剧《一江清水向东流》的创作，这是一部关注国家治理，关注美丽中国，关注环境保护，关于人与利益冲突的现实主义作品。

#### (一)歌剧《钓鱼城》——战争中人的挣扎

歌剧《钓鱼城》于2010年立项，经过15个月的创作，于2011年11月首演，演出超过90场。该剧获得了第十二届精神文明建设"五个一工程"奖、全国少数民族文艺会演剧目金奖、文华奖等在内的9项大奖，并入选"国家舞台艺术精品工程"年度资助剧目，被专家评价为"改革开放以来中国歌剧艺术最具代表性的作品之一"。

《钓鱼城》故事取材于700多年前发生在重庆合川钓鱼城的真实故事。宋末元初，蒙古大汗蒙哥亲率10万大军进入四川，欲统一天下。然而，他却意外地被阻止于面积仅2.5平方公里的钓鱼城下。而后，身中炮石而伤重不治的蒙哥，临终前留下"若克此城，当赭城剖赤，而尽诛之"的遗诏。钓鱼城守将王立主动出击，杀死元军大将熊尔。熊尔夫人因乔装成难民行刺王立不得而被捕，王立感其坚贞刚烈，力排众议没有加害于她，但熊尔夫人却被元军攻城的乱箭所伤。王母对熊尔夫人关心、开

导,熊尔夫人目睹因连年战祸所造成的无数孤儿寡母在愁云惨雾中呼号,以及众钓鱼城军民对和平岁月的向往,逐渐被感化。经过深思的熊尔夫人决定潜出钓鱼城,尽自己的力量帮助他们。熊耳夫人觐见元帝忽必烈,向其陈情。忽必烈却陷入了内心的矛盾和深深的思索之中。钓鱼城内连年的干旱,使得守城军民已到了"易子而食"的地步。正在这绝望的时刻,熊耳夫人带来了"只要停止抵抗,屠城令亦可放弃"的圣谕。面对熊耳夫人的劝和,早将生死置之度外的王立也犹豫了。几位历史的主角,站在了历史的十字路口,何去何从,他们同样内心纠结,同样面临着艰难的抉择……最终,他们的理智战胜了感情,用和平的歌声驱走了战争的阴霾。

重庆市歌剧院院长刘光宇认为,《钓鱼城》跳出战争看战争,该剧真正的核心是战争中的人以及人物的内心挣扎,它深刻诠释了"以人为本、以生为命、以战成和、以和为天"的人文理念,颠覆了传统战争题材的文艺作品把参与战争的两方对立起来,把正义和邪恶对立起来的范式。剧中没有坏人,也没有小人,不是就战争而论战争。《钓鱼城》深入发掘"以人为本"的创作理念,追求民族融合和对生命的尊重。该剧不是要简单地记述战争,而是要更多地彰显人性。

熊尔夫人从一个刺客,逐渐转变为和平的使者;王立因对熊尔夫人的敬佩而逐渐改变了个人的态度;忽必烈因熊尔夫人的举动而陷入沉思……每个人物都在战争中不断认识战争,都在战争中不断认识自己,都在战争中不断认识真、善、美。最终,王立为了避免屠城,不顾自己的名节而选择投降;忽必烈为了国家统一、民族发展,放弃为亲哥哥报仇;熊耳夫人也放弃为夫报仇,成为从战争走向和平的关键人物。每个人物的内心都是挣扎的,他们挣扎于名节和生命,纠结于国恨和家仇之中。最终,他们选择了至高无上的生命。人物内心的挣扎和选择,推动着故事向前发展。从剧情上讲,这是符合人物的行动路径的,推动人物行动的逻辑也是合乎情理的。

历史的硝烟终将散去,我们该怎样来读解历史?《钓鱼城》从"以人为本"的视角去读解700多年前发生在重庆合川的战争,将熊尔夫人、王立、忽必烈作为"人",去思考战争的残酷,认识生命的宝贵,无疑具有当代的价值意义。

**(二)歌剧《辛夷公主》——人性中的善与恶**

2016年,歌剧《辛夷公主》首轮连演三场,场场爆满,受到观众的一致好评。经过四年的酝酿,三年的剧本打磨,《辛夷公主》取得的成功是和创作者们的呕心沥血分不开的。2017年,《辛夷公主》成功入选第三届中国歌剧节参演剧目。同时,该剧也获得了媒体和业界的一致好评,各种报纸杂志纷纷报道,登上了多家媒体的头版或封面。

《辛夷公主》取材自大足石刻,讲述了由一场瘟疫引起的故事。粟特国遭遇瘟疫侵袭,面临灭国之难,王子帕米特带领剩余的子民向东方迁徙,希望在更加文明、更加繁荣富强的国度——尼雅国求得灵药来战胜瘟疫。经历长途跋涉,王子来到尼雅国的城门前。尼雅的国王年迈多病,已久不理朝政,大小事务都由大公主的驸马尼雅国的国师孛无忌掌管。而孛无忌却是一个不折不扣的阴谋家、野心家。他之所以甘愿做大公主的驸马，是因为在谋划侵吞整个尼雅王国。面对外来的难民，宇无忌不想节外生枝，他正酝酿着一场弑君篡位的政变，于是，他借巫师的占卜说难民进城必将招来灾祸。国王听信谗言，紧闭城门。粟特国的难民最后的希望破灭，陷入了恐慌。故事的主角，国王的小女儿辛夷公主就在此时挺身而出，为了拯救涂炭的生灵，她毅然违背国王的命令，偷偷拿出灵药交给粟特王子。辛夷公主被国王放逐，后来国王自己也被宇无忌赶下台。宇无忌怕辛夷公主东山再起，便制造了瘟疫，设下的解药是公主的手和眼。公主为了解救百姓于危难，挺身献出了自己的双手双眼，民众受到感化并觉醒，制服了宇无忌，感恩的人们为善良的公主重塑了亿万手眼。

《辛夷公主》的灵感虽然来源于千手观音，但淡化了地域符号和宗教色彩，在故事的创作中，创作者发挥了天马行空的想象力，穿插了男女的爱情、父女的亲情以及正义与邪恶之间的较量，是一部原汁原味的原创歌剧。该剧延续了重庆市歌剧院始终关注人的精神活动的创作主题。任何艺术作品都是讲述人的，都是关于人的精神世界的，不同的是关注什么样的精神世界。刘光宇院长认为，中国当下很多人信奉实用主义，实用主义就是利益的即时交换，往下发展就是利己主义，再往下就是害人利己和害人害己，其实质是恶。与恶相对的就是善，善是牺牲自己，成全别人。每个人的心中都有两颗种子，一颗叫魔鬼，一颗叫天使。人始终处于假丑恶与真善美的博弈之中，那么把善与恶人物化、艺术化，以"见人心，辨善恶"的典型性，实现普遍性的社会价值，就是用浪漫主义艺术，实现现实主义的目的。《辛夷公主》以辛夷这个人物为线索，展开了一场关于"大爱"的讨论，准确、生动地塑造了一个舍己为人的艺术形象。它既是对当代人类精神世界的主动阐释，更是对人性真善美的呼吁与发扬。

历史中辛夷公主这个人物并不真实存在。在创作中，创作者们大胆地想象，干脆从现实的约束中跳脱出来，把故事的背景放在了史前文明时期，用最原始、最本质的方式表达，最终发出"世间只要还有恶，我就要独自一人承担"的人间绝唱。歌剧运用了大量的象征和隐喻，营造了一个诠释爱、表达爱、感受爱的舞台空间。"辛夷"本身就是一味治病救人的中药，有着深刻的象征意味。舞台采用了球面形设计，顶部设计了穹顶，预示着茫茫的宇宙和大地。宇宙茫茫而无涯，爱亦是如此，主题和形式相得益彰。舞台采用大面积纯色，给观众留下了丰富的想象空间。红色象征着爱，紫色象征着毒辣，黑色象征着邪恶，蓝色象征着宁静……用现代元素展现了史前的蛮荒之美，更展示出了正义和邪恶之间的较量。

《辛夷公主》以贴近现代歌剧的审美标准，以现代元素营造出视觉盛宴，生动演绎了关于爱和正义的故事，延续了重庆市歌剧院深度关注人的精神活动的创作追求，使得正义和善良得到弘扬。国家一级作曲家郑冰评价道："这部歌剧有大的意义，放在一个世界人类的大空间来说最小的一个问题，就是爱，这种悲悯的情怀是歌剧或者所有艺术作品、文学作品的最高境界。"

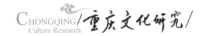

### (三)歌剧《尘埃落定》——人的自我解放

歌剧《尘埃落定》根据阿来获茅盾文学奖的同名作品《尘埃落定》改编而成,故事讲述了最后一个康巴藏族土司少爷的传奇故事。剧中以魔幻现实主义的手法,以一个家庭的没落折射出旧社会崩溃的必然性,说明了旧社会"人为什么不平等""奴隶为什么没有自由",再现了百万农奴翻身得解放的史实,展现了腐朽制度的灭亡、共产党领导的新时代的到来。该剧入选 2018 年文化和旅游部"中国民族歌剧传承发展工程"重点扶持剧目、2019 年"中国民族歌剧传承发展工程"滚动扶持项目、2019年度西部及少数民族地区重点原创剧目专家支持项目、国家艺术基金 2019 年度大型舞台剧和作品创作资助项目。

这部剧坚持了重庆歌剧院深度关注人的精神活动这一不变的创作追求,让歌剧真正扎根在中国文化、传统精髓、民族感情、当代价值中。小说《尘埃落定》内涵丰富,人物众多,情节也很生动,而歌剧并不擅长讲复杂而漫长的故事。创作团队采取时空集中、人物集中、情节集中、主题集中的原则,按照歌剧的特殊要求来改编这部作品,从历史发展的角度,突出了"二少爷"这一角色,描写了这个"非正常人"的行为与土司制社会的格格不入。在这个扭曲的土司世界里,他是一个受自然养育较多而受社会教化较少的"原本"的生命样态,也可以说他是本剧中唯一一个真正敢于率性而为的正常人。由此,他的一些"傻话"总是能够引起那些看起来正常的人们一次又一次心灵上的地震。他以简单对付复杂,以本真对抗虚伪,以穿越历史的大智若愚对抗落后愚昧的负隅顽抗。

在土司的世界里,奴隶主和奴隶都同样被扭曲,只有他们眼中的"傻子"或者"傻少爷"才是一个真正"顺天理,合人性"的正常人,他引领我们目睹了一个旧社会崩溃前的末世"繁华",见证了两个时代的交替的喧嚣和动荡。当"红汉人"的脚步声响起,没落的土司制度就到了消亡的时候,整个藏区也随之解放。听到"傻少爷"宣告"自由",奴隶们的欢呼声顿时如天雷滚滚,并由此引发了一场真正的地震。在这一场突如其来的大地震中,土司官寨轰然倒塌。那在野蛮和奴役中极度扭曲的一切,也像那漫天的尘埃一样徐徐落定。大地重归于安静、平和,并从此跨越到一个新的社会。二少爷成为一个真正的觉醒者。正如他的唱段所唱:

> 问
>
> 问天,问地,问神明
>
> 问山,问水,问大海
>
> 为何奴隶的女儿就是奴隶
>
> 为何主人的儿子就是主宰
>
> 难道说藤蔓是大树的奴隶
>
> 难道说花儿是蜜蜂的主宰
>
> 难道说河流是草甸的奴隶
>
> 难道说暴雨是雷电的主宰

不

藤蔓可以爬满大树

蜜蜂可以把花儿采

第四章《西山顶上》的藏民的唱词"漫天流霞如红旗招展,自由的歌声多么欢畅",体现了藏民们在"傻少爷"的带领下,走向了自我觉醒、自我解放。如桑吉卓玛和曲扎打开寨门,迎接解放段落中的唱词所唱:

众藏民:

太阳落在了西山顶上

看层层寨落炊烟荡漾

漫天流霞如红旗招展

自由的歌声多么欢畅

桑吉卓玛 曲扎:

呀啦嗦 呀啦嗦

呀啦嗦 呀啦嗦

打开寨门,迎接解放

《尘埃落定》着力讲清楚了旧制度崩溃的原因。中国共产党推动历史前进,带领人们推翻旧制度,奔向新社会,这反映出中国共产党执政的群众呼声和根基,对国家进行治理的正当性、必然性和持久性。该剧使观众对土司制度以及土司制度下部族人群的生存状态有所了解,能够从人性的角度来关注剧中各类人物的命运,了解深受土司制度奴役的民众的苦难和愚昧,意识到土司麦其一家在历史的车轮滚滚碾压过来时阻挡抗拒的荒诞,意识到土司制度走向没落、衰亡的必然性,明确是新中国的诞生和藏区的解放,才使世代被奴役的藏民获得了自由和新生,进入了现代文明的新社会。歌剧《尘埃落定》是一部历史厚重,内涵丰富,具有戏剧魅力与民族特色的现实主义题材歌剧,为探索当代中国歌剧的创作留下了足迹。

重庆市歌剧院建院以来,始终把创作放在第一位,始终关注人的精神活动,始终关注当下社会发展现实,讴歌时代发展,把握时代脉搏。2020年重庆市歌剧院启动了《一江清水向东流》的民族歌剧创作,该剧从河流的生态治理行动入手,讲述人与人、人与利益、人与河流的深层的内在关系,深度关注人的精神活动,关注社会发展现实。使人们通过观剧达成共识:"美丽中国"不仅能给我们提供一个良好的自然环境,更是凝聚我们中华儿女的精神之地。

## 传承、并举与哲思——记重庆市歌剧院(交响乐团)音乐世界

武文佳 田金迪

重庆市歌剧院于1953年成立,其前身为西南人民艺术剧院实验歌剧团,其艺术剧目种类繁多,

历史文化积淀深厚,自成立以来排演了多种形式的艺术作品,如歌剧、交响乐、室内乐等,重庆市歌剧院在保持重庆本土特色的基础上,不断创新,中西合璧,古今相接。2007 年,在重庆直辖十周年之际,又成立了重庆交响乐团,其作品丰富,成果丰硕,在市场中焕发出强大的生命力。

### 一、品牌特色的重庆呈现

重庆市歌剧院(交响乐团)在发展壮大的过程中,在艺术创作方面不断进步,逐渐形成了自己的品牌特色,即以歌剧和交响乐为主体,并不断改进,努力推进剧目的精品化。下面就以歌剧和交响乐为例进行介绍。

#### (一)歌剧

歌剧是重庆市歌剧院的门面担当,其作品丰富。从民族题材作品的创作上看,从 20 世纪 50 年代的《红云崖》、80 年代的《火把节》、90 年代的《江姐》《巫山神女》,到新世纪的歌剧《钓鱼城》《尘埃落定》《辛夷公主》等,都凸显了中国民族音乐特色。在对中国作品的编排方面取得巨大成就之后,歌剧院也不忘把目光投向世界经典艺术作品,《茶花女》《弄臣》《货郎与小姐》等作品的相继呈现,为观众开启了新的领略世界经典艺术的大门,让世界经典在重庆人民的音乐生活中扎根,也为观众带来了全新的艺术体验,使观众欣赏到来自异国他乡的音乐经典……此外,歌剧院的原创作品更是占据了重要的一席之地,其原创作品题材独具匠心,布局完整严谨,艺术魅力与深刻思想并重,堪称艺术精品。重庆市歌剧院既深入挖掘具有地方特征的作品,又排演具有国际水准的作品,还大力创作原创作品,可以说是集本土性、包容性和原创性于一身,以经典铸就永恒,以创新推动发展,带给人全方位的审美体验。

#### (二)交响乐

改革开放以来,随着物质生活水平的提升,人民群众在精神生活上的需求层次也在不断提升,交响乐在重庆逐步有了生存的土壤,重庆交响乐团也在西部地区之中占据了一席之地。重庆交响乐团自成立以来,创编了一系列的作品,如《重庆组曲》《长江》《故乡风情画》《太阳之子》《对话》《三峡印象》等,作品形式中西合璧,凸显了重庆交响乐的地域色彩和民族民间特色。比如《对话》这部作品,它以二胡为主奏乐器,并在三个篇章(昨天、今天、明天)中依次和大提琴、中提琴、小提琴进行重奏,同时由交响乐团进行协奏。作品将中国乐器和西洋乐器融为一体,相互呼应,引领观众穿越时空,追忆过去、思索现在、畅想未来。作品的第三章中有个特别出彩的地方:作曲家以独特的构思,将重庆民歌《太阳出来喜洋洋》与贝多芬的《欢乐颂》进行对比编排,两个看似完全不同的音乐主题,结合在一起却完全没有违和感,值得细细品味。

## 二、不忘初心、与时俱进的音乐构想

重庆市歌剧院以表达和创新地域音乐形式为其艺术特色,接轨"传统"与"现代",并举"原创"与"艺术",将具有个性的音乐创意构建在对人类历史的深远哲思之上。

### (一)地域音乐特色鲜明

从地理层面来看,重庆雄踞西南,地处巴山蜀水之间,在三千多年的岁月沉淀下,孕育出独具特色的三峡文化、抗战文化、移民文化、旅游文化等,是一个集自然风韵和人文个性于一体的城市。这片沃土造就了重庆人爽朗耿直的个性和重庆开放包容的特色文化。重庆的文化个性造就了其独特的音乐形式,将具有重庆特征的元素融入音乐中,给人们带来了更多的音乐风格。

《重庆组曲》于2020年1月6日首演,该组曲由作曲家叶小纲创作,是一部极富地域文化色彩的交响乐作品,该作品以重庆的文化变迁来反映当今社会的发展,可以说是重庆的文化名片。作曲家精心选材,全方位地呈现了重庆的自然景观和文化特色,以历史事件、人文景观、自然生态、社会生活等方面为基石,选取红岩村、解放碑、黄桷树、白帝城、钓鱼城、朝天门等重庆知名景点,经过艺术提炼和加工,以交响乐的方式演绎出一幅重庆紧跟时代的文化发展脉络图景。音乐带领我们穿越时空的屏障,捕捉历史的声响和时代发展的足迹。这部作品内容的地域化与地域化的音乐形式浑然一体,整部交响乐具有浓郁的重庆风味,曲调爽朗明快、酣畅淋漓,把重庆人热情耿直的形象鲜活地塑造于音乐中;此外,这部作品中对二胡、琵琶等的运用也不落俗套,展示出其独特的风情和格调,丰富了作品的表现力,令人回味无穷。

### (二)"传统"与"现代"相接轨

重庆市歌剧院的作品既有反映历史的,也有反映当代生活的。下面以历史歌剧《钓鱼城》和当代音乐剧《城市丛林》为例进行说明。

歌剧《钓鱼城》是一部历史题材的史诗性作品,以发生在钓鱼城古战场的宋元之战为背景,深入挖掘中国民族传统音乐的旋律特征和戏曲的表现手段,并融合西方的歌剧形式,展开戏剧冲突和人物情感铺陈,充分彰显了人性和人们对和平的渴望。该剧布局合理,不仅戏剧性冲突表现到位,在刻画人物个性方面也很细腻。比如剧中的熊耳夫人,由最初的为夫报仇雪恨到后面的为和平大义凛然,音乐的变化对人物情绪的转变刻画相当到位。全剧整体采用岳飞《满江红》的音乐主题旋律,并综合运用独唱、重唱、合唱等形式,丰富了歌剧的层次。其中童声合唱"长长水,方方船,星星掉在水里面"这一和平主题旋律回荡,充分表现了人们对于和平的向往和对美好生活的追求,音乐旋律灵动,具有丰富的艺术感染力。这部作品是一曲关于和平与人性的颂歌,饱含着对生命的敬畏,借古喻今,具有强烈的现实意义。

2010年,由重庆市歌剧院(交响乐团)原创首演的音乐剧《城市丛林》在重庆大剧院首演。这部音乐剧以一个独特的视角,通过对盲女竹叶和哑巴林子之间相依相恋的爱情故事,警示我们在当下社会的城市丛林中要找准自己的定位。《竹子山》这首歌曲取材于重庆酉阳民歌,直白隽永,感人至深。歌曲贯穿全剧,第一次出现时给人一种满怀希望的感觉;第二次出现由于演出场景从街头小巷转换到华丽的舞台,其情绪也发生了相应的变化,表现力更加丰富;第三次出现的时候,故事已经接近尾声,歌声变得舒缓平静。此外,二胡曲《蚂蚁》在剧中也具有举足轻重的作用。刘光宇院长的二胡演奏可谓行云流水,生动鲜活,他灵活运用二胡拨弦揉弦颤弓等技法,进一步增强了乐曲的表现力。其演奏状态也从外在的技巧内化到精神层面,充分表现出蚂蚁团结协作、奋斗不息的进取精神。蚂蚁可以存活于严酷的丛林之中,而处于现代社会中的人们更应该效仿蚂蚁,在"都市丛林"中更好地发展。

### (三)"原创性"与"艺术性"并举

重庆市歌剧院除了排演经典作品之外,还大力创作原创作品,其作品视角独特新颖,涵盖面广,艺术特色鲜明。重庆市歌剧院注重将不同类型的音乐作品搬上舞台,如《尘埃落定》《大禹治水》《长江》等,在剧目选择上努力做到"原创性"与"艺术性"并举。下面以歌剧《尘埃落定》和交响合唱乐《长江》为例来谈一谈。

中国民族歌剧《尘埃落定》于2018年12月首演,作品朴实浪漫,通过曲折的故事情节,表现了土司制度的瓦解和广大奴隶的解放。该剧以西洋正歌剧为范本,充分汲取藏族民间音乐素材,具有浓郁的民族特色。在演唱上,采用宣叙调与咏叹调相结合的方式,并穿插重唱、合唱等形式。同时,藏族乐器热巴鼓,舞美、灯光、服装的运用大大丰富了作品的表现力和感染力,使得视听觉效果更加丰富,情节更加引人入胜。剧中有一幕二少爷牵着卓玛在罂粟地里出现,伴着歌谣"哎,呀拉哩嗦……","哎,呀拉哩嗦……",歌声一唱一和,此起彼伏,把卓玛和二少爷的情感细致地表达了出来,极具藏族特色,体现了故事性与抒情性的完美统一,让我们感受到他们之间真挚朴实的爱情。作品以二少爷的独特视角展开,抨击了封建社会的愚昧与腐朽,讨论了中国社会在历史更迭中的艰难前行。

大型交响合唱乐《长江》可以说是交响乐团的一部巅峰之作,作品综合运用交响乐、合唱、独唱、朗诵、戏曲和原生态音乐等表现形式,并配合多媒体的穿插介绍,让观众更加直观地感受长江从源头到流入大海的绰约风姿。作品用音乐讲述故事,饱含着对长江无限的敬意。在第三章《激流》中,乐曲伊始就给人以极大的听觉震撼,不同乐器的相互碰撞,人声与乐声的相互融合,将长江的湍急和蓬勃的生命力描摹得淋漓尽致,把长江跨越千山万壑的活泼姿态跃然呈现在观众眼前。第四章《江岸》由竹笛奏出主旋律,音乐旋律随之娓娓道来,像是在诉说着什么,主体部分由抒情女中音演唱,在乐曲的中间部分,还采用了"竹叶"这一原生态乐器来表现长江的柔美。这一篇章的音乐旋律相较于第三章而言更加婉约舒缓,也形象地展现了长江风情万种的一面。整部作品运用传统和现代技法,用音乐勾勒出一幅壮美大气的长江画卷,极具艺术品位。

### (四)深远的哲思与新颖的艺术追求

歌剧院的很多原创作品都是在对历史、现实等素材予以充分挖掘后的产物,深远的哲思与意境给人以深刻的启迪,下面以歌剧《辛夷公主》和舞台剧《大禹治水》为例进行阐释。

歌剧《辛夷公主》讲述的是一个关于辛夷公主舍身救人的故事,通过对辛夷公主这一角色的塑造,弘扬真善美,传达正能量,展现了对人性的关怀以及对公平正义价值观的弘扬。剧中正义与邪恶的较量,充分表现出人性的两面性。辛夷公主正是正义和善良的化身,以自己的微薄之力释放出无穷的能量,使得粟特国的民众脱离苦海,挽救他们的性命于水火之中,她的形象因为她的大爱而光芒万丈。作品赋予音乐以神话色彩,将现代音乐与西域音乐完美融合,给人耳目一新的视听感受。剧中采用了以"辛夷花"为主题的音乐,"辛夷"本身是一味中药,与剧中奉献自己拯救他人的主题不谋而合。辛夷公主饱含深情地唱出了最动人的赞歌,演员演唱时,气息控制和情感宣泄相得益彰,人声与乐声交融,使戏剧更具张力,也使观众备受感染,产生深深的共鸣。

《大禹治水》舞台剧于2016年首演,该剧突破了传统的舞台表演艺术,在形式上将器乐和人物合二为一,使得器乐人物化,给人留下丰富的想象空间,以器乐对话的形式呈现大禹治水的故事,歌颂大禹治水的千秋功绩。其中二胡代表大禹,琵琶代表洪水,竹笛和打击乐代表高山,中间还穿插有声乐片段。剧中二胡的作用可以说举足轻重,其节奏由疏到密,时而深沉,时而急促,塑造了一个集智慧与勤劳于一体的人物——大禹。在经过与洪水的抗争之后,大禹意识到万物均有自身的规律,人应该与自然和合共生,才能万代不息,此时音乐变化的快板走向高潮,二胡、琵琶、竹笛等乐器融合变奏,表现出人与自然的斗争转化成人与自然的和谐共处。作品给观众以深刻的启迪。

## 三、结语

歌剧和交响乐这两种形式是西方艺术舶来品,如何让这种外来的艺术形式在中国重庆扎下根是重庆市歌剧院(交响乐团)一直在思考的问题。从成立至今的60多年时间里,重庆市歌剧院尝试了多种艺术形式共生的演出形态,如歌剧、交响乐、室内乐等,并逐渐形成了以歌剧和交响乐为主体的品牌特色。多样的形式实践培养了团队,锻炼了艺术思维。在巴渝文化中扎根的高雅艺术形态尝试了"传统""现代""原创""艺术"多种音乐语汇,在对人类普遍命运的关注下,在对国家复兴的希望中,重庆市歌剧院(交响乐团)在饱含哲思的音乐作品创作中逐渐走出了自己的路,并继续大步向前······

### 文化自信:把机会留给自己的人才——谈重庆市歌剧院的人才培养

*蒋长朋(重庆市文化和旅游研究院)*

在60余年的历史发展中,重庆市歌剧院从弱到强,从小到大,不管是作曲、指挥、编剧、导演、乐手、演员,还是灯光、舞美、管理、保障等各方面,都逐步形成了自己的人才规模。培养艺术人才,重视艺术人才,一直以来都是重庆市歌剧院的立院之基。

我们认为重庆市歌剧院正走在个性化的艺术发展之路上:她以表达和创新地域音乐形式为重要呈现方式,交融"传统"与"现代",并举"民族"与"世界",将具有个性的音乐创意构建在对人类历史的深远哲思之上。立足于地域文化,着眼于音乐形式,是重庆市歌剧院的基本艺术立场。重庆市歌剧院把这种对地域文化的充分自信放在人才培养的策略之上。

面向全中国,面向全世界,建立健全机制,吸纳多方资源,培养自己的人才队伍,这就是重庆市歌剧院的人才战略。

### 一、注重人才队伍建设:借鉴西方艺术经验加强学习

重庆市歌剧院历来重视人才队伍建设,特别是在 1955 年至 1958 年期间,通过一系列专业化的学习,提高了演员和乐员的音乐修养。一方面通过选择音乐性比较强的《果园姐妹》《一个志愿军的未婚妻》《草原之歌》等剧目进行排练演出,以提高演员的演唱水平和对交响乐队伴奏的适应能力;另一方面开设了视唱、练耳、乐理、形体训练、演奏技巧等课程,狠抓音乐素质教育和基本功的训练。同时,多次邀请国内著名教授、专家开展培训。吸收了一些西洋乐器演奏员,双管编制的管弦乐队基本形成。

剧院非常看中人才专业素养的培养,积极发挥和调动学有专长的演职员发挥自己的优势,请他们兼任教师,对基础差的演职员进行艺术专业辅导,并开办各类基础课,进行声乐、器乐、乐理、表演、形体训练等专业教学。采取"三结合"(领导、专家、群众相结合)的创作方法。

为了更好地学习、吸收西洋歌剧的创作经验和表现技巧,也适当地选排了一些外国歌剧名剧,如俄罗斯大歌剧《叶甫盖尼·奥涅金》第二幕"决斗"以及《费加罗的婚礼》、《蝴蝶夫人》、《波希米亚人》、《弄臣》等经典歌剧的唱段和片段。

由于经费短缺,演出市场的变化,歌剧演出比较困难,但是,为了加强演员的艺术实践,在抓大型剧目创作的同时,重庆市歌剧院也以小型综合演出队或投资少的音乐会等形式深入基层巡回演出,以此来锻炼演员和乐员,维持剧院运转。先后演出了七场歌剧《江姐》,音乐剧《冰山情》《油灯灯开花》等。这一阶段也加大了对人才的培养,先后邀请美国花腔女高音歌唱家安娜·卡森、上海歌剧院重庆籍著名男中音歌唱家杨小勇、美国女中音歌唱家朱迪斯等来重庆市歌剧院交流艺术实践经验。

### 二、人才考核模式革新:激发本院人才发展动力

2003 年开始,重庆市歌剧院率先在重庆市属院团中进行体制改革,初步建立和完善了如《重庆市歌剧院内部机构设置及人员编制方案》等人事制度改革方案共 8 个,安置和分流离退休人员,同时培养了一批青年艺术人才,为院团发展提供了有效的人力资源保证。同时,制订并实施了一系列措施:自筹资金设立了每年一次的"勤学苦练"奖;对在艺术上、管理上取得重大成果的演职人员设立了12 项奖金制度;将过去平均分配的演出补贴改变为以岗以场定额的演出奖励等。这些措施的实施,

一定程度上激发了广大演职人员的积极性和创造性。但是,由于一些旧有管理制度的遗留问题,后备人才匮乏的实际困难依然存在。2011年,时任重庆市市长黄奇帆到歌剧院视察并现场办公,召开了"市级院团座谈会",随后,剧院举行了2011年年度考核。

重庆市歌剧院的年度业务考核由来已久,但2011年的年度考核将考核结果作为兑现绩效工资的重要依据,这是体制改革中的一次重大突破。本次考核中,为体现公平、公开、公正,剧院特别邀请了上海交响乐团、上海歌剧院、中国爱乐乐团、东方歌舞团、中国歌剧舞剧院、中央歌剧院等国内知名专业文艺院团的艺术家担任考核评委。对于本次考核,评委们认为:"这种考核适应了剧院的发展需要,是非常有必要的,而且应当坚持下去;通过这种形式,真正把能进能出、能上能下的用人机制落到实处;参加考核的队伍年轻化(本次考核中年龄最小的只有22岁),增强他们的危机感与责任感,从而进一步提高剧院的业务水平。"也有评委建议:"应该为考核出来的优秀年轻演奏员举办系列室内乐音乐会;鼓励和包装在考核中表现突出的青年演员,设立参赛基金,支持他们多去参加各类大型声乐比赛,积累舞台经验。"在剧院院长刘光宇看来:"年度考核从最初只是针对事业单位人员每年必须进行的一项测评工作,到现在做成了一个初具专业性、效应性的赛事活动……下一步剧院将按照考核结果排座位,并以此作为确定每个人工资待遇的依据。"

正是这样的考核机制,打破了旧有管理制度中的"论资排辈",打破了资历和职称的界限,让青年演(乐)员真正有机会靠能力在舞台的最前排展现自己,让剧院走上良性发展的轨道。

### 三、不拘一格降人才:培养艺术表演人才与艺术管理人才

重庆市歌剧院在人事制度的改革探索中,始终坚持以有利于剧院资源优化和配置,有利于提高剧院社会效益和经济效益,符合艺术事业自身特点和发展规律为原则,建立健全人才机制。通过专业化、科学化、规范化的管理制度,培养艺术表演人才,提拔艺术管理人才。

#### (一)大型剧目:把"C位"留给自己的青年艺术家

在艺术人才培养上,剧院特别注重在演出中锻炼和培养青年人才,使其在演出中积累经验,提升艺术水平,想方设法地创造条件,给年轻人提供更大的展示平台。

2010年,重庆市歌剧院创作排演音乐剧《城市丛林》,该剧大胆启用"80后"的青年演员,在60多名演员中,青年演员占90%,其中还包括一些业务水平较高的临时聘用的青年演员。剧中,19岁的女主角"竹叶"是命运坎坷的盲女,而对于从小在父母呵护下成长起来的"80后"青年演员来说,"竹叶"这个角色跟他们是有一定距离的。"竹叶"的扮演者赵丹妮对于"如何理解角色,如何把握残疾人的内心状态,如何体会社会底层小人物的坎坷命运,如何通过肢体和声音表达角色的内心情感,如何将歌唱和表演自然地结合"等,在戏里戏外都反复地思考,寻找她自己和角色人物个性、气质中的共通之处和不同之处,了解"竹叶"的纯洁、美丽、善良、识大体以及"竹叶"最令人钦佩的不为金钱所诱

惑、身残志坚的高尚品格、清澈透明的真心。赵丹妮通过塑造"竹叶"这个角色,体验到了不同的人生处境,增加了艺术阅历,培养了文化感知力,而这样的演出体验,正是青年演员成长所必需的。

大型歌剧《钓鱼城》于2011年首演。该剧表达了对人生命的尊重,也是对民族团结、国家统一的现实守护,先后荣获中宣部"五个一工程奖"、文化部国家舞台艺术精品工程资助剧目奖等32项国家荣誉。当时饰演剧中主角王立的男中音演员刘广才30岁。事实上,创排《钓鱼城》之初,角色设置的男一号为男高音,男二号为男中音。编剧和导演都觉得擅长男中音的刘广是男二号的最佳人选。但是,重庆市歌剧院想要推新人,希望刘广演男一号,这不仅与编剧、导演的想法不一致,而且请来的专家们也认为男一号得请北京的演员来。最后,在歌剧院的一再坚持下,把男一号改为了男中音,由刘广出演。最终,刘广不负众望,其表演得到了专家的肯定和观众的认可。刘广曾在一次采访中谈道,剧院给了他很多机会和空间,让他可以在一个年轻的集体中发挥潜力,跟大家一起成长,"歌剧院对新人的信任、扶持、帮助都让人舍不得离开这个团队"。

### (二)搭建平台:策划各种形式的舞台演出

重庆市歌剧院对青年艺术人才的培养从不吝啬,只要是有艺术能力的青年艺术家,都有独立站在舞台面对观众的机会。从2012年到2020年,重庆市歌剧院筹措经费,尽力给予青年艺术人才人力、物力、财力方面的保障,在重庆大剧院、国泰艺术中心、剧院艺术厅等地,为青年艺术家先后举办了个人演奏、演唱音乐会25场。同时,从2012年5月25日开始,剧院每周五晚19点30分在艺术厅举行对大众进行公开售票的阵地性系列演出"周周演",演出内容包括原创歌剧、音乐剧(清唱剧版)、经典歌剧片段赏析、交响乐音乐会、交响管乐音乐会、室内乐沙龙音乐会、民乐组合音乐会、青年艺术家个人独唱(独奏)音乐会等,为青年艺术家提供了常态化演出的平台,使其在演出中不断提升自己的艺术水平。迄今为止,"周周演"演出总场次已近400场。

### (三)打破常规:把优秀青年艺术管理人才扶上马

艺术表演人才的成长离不开剧院的培养,艺术管理人才同样如此。

新闻专业毕业的张维佳是2004年进入重庆市歌剧院工作的,先后担任过院艺术室副主任、主任、院长助理等职务,在艺术管理岗位上为剧院发展起到了积极作用,于2012年提拔为副院长。事实上,作为一家老牌国有专业文艺院团,按照惯例,管理岗位在当时一般都是由专业人员转岗时担任,鲜有新聘非专业人员直接提拔进入领导岗位的情况。不论是对艺术表演人才的培养,还是对艺术管理人才的任用,都体现出重庆市歌剧院的领导班子敢于打破常规,不拘一格降人才的艺术管理理念;也正是这一理念的前瞻性,才使重庆市歌剧院在艺术管理上更加现代化、专业化和规范化,为艺术创作奠定了坚实的基础。

## 四、提升自我和能量传递:让本土青年艺术播种开花

重庆市歌剧院对青年艺术人才的培养,是一项基础性的常态化工作,以"领军人才""紧缺人才"等人才培养项目为依托,不断加强青年人才队伍建设。比如有计划地邀请国内外著名的演唱家、演奏家等声乐、器乐类专业的高级专家教授来授课,让演职人员有机会接受专家培训;又如,针对演职人员现状确定年终考核目标,通过细化考核内容和形式,达到以考促学的目的;还制订《重庆市歌剧院、重庆交响乐团关于学习培训工作管理规定》,采取公派进修和自费学习相结合的形式,在规范专业人员外出学习培训的同时,充分利用个人资源优势,拓宽业务培训的渠道,等等。

这种常态化的对青年艺术人才的培养,体现出重庆市歌剧院重视、信任和尊重青年艺术人才,在剧院内部形成了良好的学习氛围,培养出一支充满朝气、蓬勃向上的艺术队伍。年轻的艺术家们既是学生,又是老师,在自己学习受益的同时,还把学到的知识传递给更多的青年学生。

2011年5月,西南大学音乐学院举办了"西南大学、重庆市歌剧院(重庆交响乐团)联合培养全日制艺术硕士专业学位研究生签约仪式",共建艺术硕士研究生实践基地,包括院长刘光宇在内的共21位艺术家被聘为首批艺术硕士导师,其中青年艺术家10余人。该基地是重庆市首个高校与文化系统联手共建的艺术人才专业实践基地,这既是歌剧院持续深入进行机制改革的一项重要成果,也是剧院创新队伍建设和人才培养模式的一次全新探索,对增强歌剧院的复合功能,梳理和规范学术理论,发现和引进高素质人才,起到了积极的促进作用。签约以后,蒋巧等10位西南大学第一批到重庆市歌剧院实习的艺术硕士,参与了歌剧《钓鱼城》的排练和演出。为了能够通过短期训练,达到登台演出的水平,老师对这些学生进行了不同的训练,如专业导师负责歌唱部分的训练,声部长负责音乐训练,导演负责戏剧表演,充分挖掘他们的艺术潜力。这种"对接"高校的人才培养模式,能够为歌剧院储备高学历的青年艺术人才,后备力量得到了有效保障。

## 为行路人画像——刘光宇艺术访谈

黄容

刘光宇,二胡演奏家,国家一级演奏员,享受国务院特殊津贴专家,文旅部优秀专家,中国音协二胡学会副会长,中国民族管弦乐学会常务理事,重庆市首批学术技术带头人。重庆大学、重庆师范大学、重庆医科大学、重庆行政学院、俄罗斯沃罗涅日国立大学艺术学院客座教授。现任重庆市歌剧院院长、重庆交响乐团团长。曾获中宣部"五个一工程奖"、文化部国家舞台艺术精品奖、文化部"蒲公英"音乐创作金奖、中国音乐"金钟奖"第二名、中国音协全国二胡新作评选第二名以及振兴重庆争光贡献奖、"重庆直辖10年建设功臣"荣誉称号等。

我与刘光宇院长的初次认识源于2019年重庆市文化和旅游研究院专题研究之重庆市歌剧院相关文章的撰写。2020年,再次受重庆市文化和旅游研究院之邀,参与以"刘光宇艺术访谈"为主题的

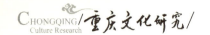

撰稿工作,这让我又一次有机会领略二胡表演艺术家刘光宇的文化思想与艺术理念。

黄容:今年是您学习二胡的第四十年,您觉得二胡这门艺术的文化使命是什么?

刘光宇:二胡的使命可以从两方面来回答——中国文化和世界艺术。二胡只有汲取中国文化和世界艺术,才能获得发展机遇。在汲取世界艺术方面,二胡要珍惜历史机遇,在国家的改革发展中乘势而上,用世界文化丰富自己,同时也让自己影响世界。世界多样性影响了创作思维,这种影响体现在题材、体裁、语言、技术以及理论、创作、教育、传播、制作等所有领域。在新时代,二胡艺术呈现出崭新面貌,其所抒发的东方情感和华夏故事,令世界从过往的猎奇转变为对其内涵和外延的真正瞩目。改革开放给我们带来了巨大的变化。改革开放是什么意思?就是让中国走进世界,世界走进中国。二胡今天的发展有两个人功不可没。一为刘天华。在刘天华把二胡艺术"科学化""专业化"后的一百年,二胡"符号"性特征更加明显。刘天华把二胡提升到一个殿堂级的规格,他一直立足于民族民间音乐"对外开放""兼收并蓄""打通中西"的立场,在他的带领下,二胡文化得以壮大和升华。二为阿炳。他为二胡艺术的发展做出了巨大贡献。因此,二胡从业者认为,二胡今天的格局是因为有刘天华和阿炳的历史贡献。新中国成立70周年来,无数演奏家的贡献让二胡成为中国民族音乐中最具代表性的乐器之一。原因有以下几点:第一,越来越多二胡演奏家的涌现;第二,二胡新创作作品在题材上全领域覆盖;第三,二胡技术的高度发展;第四,二胡乐器的改良;第五,二胡审美风格的形成;第六,二胡全面走向世界。根据中国音乐家协会举办的全国器乐赛事统计的数据可知,进入21世纪后,二胡类比赛是很多的。二胡的鼓面由蛇皮制作而成,蛇是中国的小龙,也是中国文化中重要的图腾。文化的软实力就是对外吸引、对内凝聚。我们要感谢刘天华、阿炳、刘文金、闵惠芬等一批致力于二胡音乐文化的弘扬者,他们使得二胡具有了这样一种历史地位。

黄容:您是一位音乐表演艺术家,而您认为自己的工作确切是做什么?

刘光宇:我一直在想我的母语是什么。我生在长在重庆这一方土地上,是地地道道的重庆人,我自己是在石桥铺长大的。重庆的大山大水孕育了我们的文化,有3000多万人在传承巴渝文化。重庆的地理环境独特,地势高高低低、起起伏伏,丘陵、高山、大江大河结合在一块。渔猎文化是重庆文化中很重要的一部分。渔猎就意味着艰苦奋斗。重庆人在生活中需要爬坡上坎,这也造就了重庆人吃苦耐劳的精神,这真的很伟大、很了不起。我坐飞机,要在重庆降落时,看到两江环绕一座山,我就想:两江就是我的两根弦,一座山就是我的一张弓。山有人的刚性,水有人的柔性,有刚有柔,刚柔相济。重庆有山有水这种地理特色就很好地诠释了重庆人的性格,也体现了重庆文化的特点。因此,我就开始寻找我能用什么语言为重庆代言,寻找了很多,也写了很多作品,比如《流》。《流》是用现代语言来写作的。"千岩万壑不辞劳,远看方知出处高。溪涧岂能留得住,终归大海作波涛。"写的是水,喻的是人。我在北京开独奏音乐会的时候,也写了一首诗:"崎岖流泉自作溪,汇入瞿塘声浪急。回望巴山天上水,奔向大海添点滴。""点滴"就是要把重庆人的精神面貌解释好,表达好,表达准确。20年前,我选择了《黄丝蚂蚂》作为题材,创作了《蚂蚁》。我们人类看蚂蚁,应当发现它身上有一种重要的精神,当面临沉重、复杂的现实问题的时候,我们需要一种乐观、团结、锲而不舍的精神来破解。如新冠疫情暴发之初,当人们对它一无所知的时候,是恐慌的。而我们众志成城、万众一心,在党的领导下克服万难,几万人冒着生命危险逆行,就能够拯救武汉,拯救中国。在2020年国庆期间,我们的每一场演出,我都迫不及待地要向观众交代我的这种感受——中国太伟大了!中国把人的生命放在第一位,我一直说,我们上半年流泪,下半年流汗。在灾难面前,只要众志成城,就能渡过难关,这就是"蚂蚁"的现实意义。一个艺术家如果能将自己艺术的"典型性"化为观众认知的"普遍性",这样的艺术就是成功的,为大众所了解、接受、信任的艺术,艺术才能传递,这也是文化的终极责任。文化就是人化,文化就是化人。我们怎样化人? 就是要传递一个个形象、一个个作品、一个个感动。人的生命是有限的,但是艺术、作品的生命是无限的,如果我们的作品真正能够具有一种普遍性,就能延续生命的长度。人的生命只有几十年,但是作品却能够流传上百年,上千年,甚至成为永恒。想必大家都知道一个叫"汪伦"的人吧,就是因为有了"桃花潭水深千尺,不及汪伦送我情"的诗流传,他"活"了1000多年,这就是文化的力量。习近平总书记说:"文化自信是一个国家、一个民族发展中更基本、最深沉、最持久的力量。"《蚂蚁》从首次上演到现在已经有20年了,在全球演出了将近1000场。观众都很喜欢,老少皆宜,对于儿童是卡通,对于青年是时尚,对于老者是还童的谐曲。这就体现出这部作品寓崇高于平凡的美学价值,这是最美妙的。如果单靠我们去说教,表面地去做社会主义核心价值观的阐释,是不能很好地发挥艺术作用的。因为,我们必须要通过感性的、形象的事物去润物无声。如果说哲学是理性的最高峰,那么艺术是我们人类感性的最高峰。《蚂蚁》能反映中国人的精神面貌,同样也能反映重庆人的精神面貌。重庆人有一个特质,就是喜欢吃辣。我在写文章的时候,有时突然会冒出"辣"这个字。重庆人喜欢吃火锅,于是"一锅煮沸两江,麻辣烫翻乾坤"。火锅是比较粗放的,十道菜、百道菜都是一个味,不像其他菜百菜有百味,但是粗放中也透露出重庆人海纳百川、热情的性格。重庆人除了喜辣,还有幽默、乐观的特质。比如,重庆有句歇后语"茅司里跶扑爬——'粪涌'(奋勇)前进",就很好地体现了重庆人民的这一特质。重庆人民虽然生活在自然条件并不优越的环境中,但大家都对生活充满了热情,我觉得我们的祖先真是太了不起了。

黄容:二胡能否成为世界级乐器?

刘光宇:中国文化能否成为世界文化的中心? 我还是有所期待、雄心勃勃的,但同时也感觉压力重重,因为这并非简单地说说就能办到。法国能够成为文化之都,因为它诞生了"平等、自由、博爱"的浪漫主义理想。美国虽经济强,但并非世界文化的中心。我们中国文化应该怎么去努力? 提炼传统文化精髓。二胡艺术怎么才能成为像小提琴、钢琴一样在各国都受喜欢乐器? 我觉得我们的任务还很艰巨、遥远。

黄容:那二胡能否在戏剧中成为一个中心呢?

刘光宇:我在2001年就提出了这个想法,当时有专家说很好,但是任务特别艰巨,因为二胡不善叙事。我探索了很长的时间,终于在2010年首演的音乐剧《城市丛林》中实现了理想。在该剧中,二胡成为戏剧的主要角色，再也不仅仅是在乐池中当一个陪伴，而是成为台上第一主人公心灵的外化、情绪的表达、剧情的推动。有不少观众还感动流泪了。这部剧也被文化部选派到深圳办的文博会去参加了演出。我觉得这还是不过瘾，因为只有一件乐器实现了这个理想，能否让更多乐器也实现这个理想呢？我们能否将"吹、拉、弹、打"四类民族乐器整合、统筹起来，成为一个戏剧呢？在2018年上演的《大禹治水》中，我终于实现了这个愿望：二胡扮演大禹、琵琶扮演水、竹笛和打击乐扮演山，四件乐器聚集在一块。《大禹治水》首演以后，又在高校巡演，观众都觉得不可思议，怎么可能有由乐器来扮演角色的戏剧样式呢？形式的创新，就是习总书记说的"创造性转化""创新性发展"。这一点在这两部戏剧中都得到体现：古为今用，而且突破了传统舞台样式的边界。我一直认为，这两部戏，不管好不好，都是"第一个吃螃蟹"者，是让我们的传统乐器在另外一个艺术门类——戏剧中有突破性的尝试，哪怕粉身碎骨我也觉得有价值，因为我为后来的人提供了一种可能性，也为世界民族音乐提供了一种可能性。每个民族都有自己的民族乐器，他们能否根据自己民族的故事，用本民族的乐器来形成一个器乐的戏剧呢？完全可以！我时常想，这是否能为中国成为世界文化中心贡献一点滴呢？"回望巴山天上水，奔向大海添点滴。"不管观众、群众、专家怎么看，我对自己所做的努力都问心无愧。《大禹治水》得到了当时的文化部的认可，一个是获得了文化部对民族音乐扶持的资助，另一个是得到了国家艺术基金的资助。市委宣传部、文化委对这两部戏剧都进行了投入，这是在上级部门、专家、观众的殷切期待下孵化出的戏剧作品。同时，衷心地感激这两部戏剧的参与者，包括主创和剧组同仁。我认定我的使命就是让二胡焕发出新光彩。

在这两部剧后，我的目标是二胡与交响乐的融合。在作品《对话》中，第一乐章是二胡与大提琴的对话，第二乐章是二胡与中提琴的对话，第三乐章是二胡与小提琴的对话。每个乐章的提琴都在更换，但是二胡一以贯之，这是我们的"王道"，是一个"王"字：三个乐章是三横，二胡一以贯之是一竖。而且作品由管弦乐队全面协奏，全面进行对话。在内容上，第一乐章是与古代对话，写的是古丝绸之路；第二乐章，写的是今天，写的"一带一路"；第三章写的是未来。在时间与空间、形式与内容上，都讲的是中国中心。作品将近40分钟，这是时间最长的二胡协奏曲，也是二胡首次跟多种乐器的重奏。通过这些，我想二胡或许能够对于我们国家的文化传播，对于我们所期待的在世界文化之林立足有所贡献。

黄容：您认为艺术对于时代的责任是什么？

刘光宇："粉墨当随时代"，这也是我经常说的一句话，艺术是生活的反映。因为要讲故事，所以就有话剧；因为有生产劳动，所以就有舞蹈；因为欢乐，所以就有歌声。生活与艺术是鸡和蛋的关系，有了多姿多彩的生活，就产生了各种各样的艺术。我们的艺术如果能够把自己的典型性化为社会的普遍性，那这个艺术作品就能够获得生命。时代的特征是什么？我们能否将这个特征揭示准确？能否去满足时代所需，甚至引领时代？提起引领时代，我就要说到歌剧了。在2011年以前，我一直在想那个时期我们的时代特征是什么？当时中央提出构建社会主义和谐社会，其中一个重要方面是人和人的和谐关系,即人本主义。我们的创作如何来反映这种特征? 我想到了钓鱼城。钓鱼城之战,开局是打,结局是和,"和"是否是人本主义? 我提炼了几句话:"以人为本,以战成和,以和为天。"围绕着这个中心,我们去创作。之前关于钓鱼城的创作,都是有历史局限性的,因为编导都是站在汉族人的立场上,反映的是"侵略与反侵略"。但中华民族的历史是56个民族的历史,元史、清史都是中国史,都是中国历史的一部分。生命的代谢,版图的缩放,朝代的更迭,都体现了中华民族的演进过程。《钓鱼城》编剧的一句话使我醍醐灌顶:"两边都是好人啊!"我觉得这话太准确了。"两边都是敌人,两边都是好人。"我们现在来看待过去的这一段历史,就应站在一个公平的立场上,所以,我提出的那几句话成为这个戏的主轴,而且从哲学上看,关于"战和降"的问题,叫作"胜人则力,胜己则强"。这部戏一经演出,32个大大小小的国家级奖全部拿完。我觉得这部戏就对当时的时代特征有了一个比较好的把握和概括,这是比较成功的实践。

我们排的另一个戏叫《辛夷公主》。当时,我们认为产生了一种"实用主义"的社会现象,就是对利益的及时交换,出现了一种互害。比如:我是卖火锅的,但是我的火锅里面有地沟油,我赚了你的钱,去你那儿买馒头,你馒头中有增白剂,你赚了我的钱,到他那儿去买牛奶,牛奶中有三聚氰胺。针对这种互害的现象,我在《辛夷公主》出品人的话中写道:辛夷是一种能治病救人的花,辛夷公主,为拯救苍生,献出了她的手和眼睛;而不可一世的害群之马也得到了应有的下场,害人必定害己,奉献就能永生。用这个故事来讨论我们这个时代所出现的"实用主义"观念,引人深思,发人警醒。

2018年年底首演的戏——《尘埃落定》,根据阿来的同名小说改编,讲述了土司制度崩溃的外部与内部的原因。外部原因是党对历史的推动,率领着藏族人民奔向社会主义,反映的是共产党执政的历史性、合法性、必然性、持久性和人民性,因为这是人民的呼唤与支持。内部原因则是人性的解放。因为主角爱上了一个与自己社会地位不符的人,结果爱情被制度抹杀。有的人为了爱情,可舍弃万物,他背叛了他的制度,追求解放,所以他带领身边的人解放,藏民族解放是中华民族解放的代表性事件之一,民族解放的基因就是人性解放。一层一层剥开,所有的人都是"束缚—解放—再束缚—再解放",这样的戏,观众喜欢看。一部戏成功与否,都有主观和客观原因,这部戏为新中国成立70周年献礼,为中国共产党成立100周年献礼,为西藏解放70周年献礼,这是继《钓鱼城》后的新高峰。国家大剧院的院长陈平说:"为重庆长脸了。"这部戏也是我们抓住了时代的特征、特性来创作的。所以,用我们剧目中的一个个人物,一个个生动的故事为时代放歌,为时代立传,这是重庆市歌剧院的安身立命之柱。"深度反映人的精神生活",就是要创作深刻的,具有引领性质的舞台艺术精品。演出有两种功能:满足和引领。就满足来说,一天学习工作很累了,我们看看喜剧,乐一乐,对人的精神放松也是有好处的,但这是低层次的。引领是关系到文化方向、文艺价值、政策方针,甚至国家安全的。所以,具有引领价值的艺术作品,是我们歌剧院最重视的,是形成我们剧院表演风格首要考虑的。

黄容:您认为人对于艺术的责任是什么？

刘光宇:比如说传承,文化要传承,基因要传承,生命要传承。说到二胡的传承,比如:小孩学二胡,学的究竟是什么？我觉得学的是一种规矩,比如说音准、节奏有规矩,噪音与乐音有规矩。规定的音高,如果差一个音分,人听着很难受,所以必须要非常严格,在音乐的规矩中去诠释音乐,在严苛的规矩中达到自由。我们先学规矩,再去解释生活。我们练习的过程就是练心——恒心和苦心。什么是恒心？十年寒窗,小孩从五岁开始,到十五岁才学习了半罐水,学习器乐,成长周期是非常漫长的,培养的恒心就是毅力,就是坚持将一件事做下去。大家都想玩儿,我们成年人也不例外,但是国庆假期任务安排来了,27场音乐会,整个团队都要全力以赴,这需要从小养成的规矩、心力、毅力来支持,综合起来就是素质。人的素质,要像乔木的主干一样直着往上走,不要像灌木一样,四处斜着走。但是我们人生中很多时候都是曲折前进的,不能笔直上去。如果能够笔直上去,那我们实现理想的时间就要短些,人生的空间就要大些,最后成长的绿荫就要茂密一些,人生就要灿烂一些。比如我们在年轻的时候看不懂一些东西,都是弯弯曲曲地走,甚至有些梦想还夭折了,很多雄心壮志没有办法实现。如果我们可以通过艺术来养成对生活的观察力和抒发喜怒哀乐的习惯,就将是一笔人生财富,我们不仅是学到一门艺术,而且也练就了恒心、毅力。这对于生活、事业以及做人的规范建立都有好处。另外一方面,哪一部艺术作品不是在讲真善美？所以不管是创作者、演出者、欣赏者,都能受到艺术作品中真善美的熏陶。每个人身上都有"虎性""猴性",有积极的,也有消极的,都有两面性。就看我们身上的真善美多,还是假丑恶多。如果假丑恶多,那么在面对突发状况的时候其行为多半就是假丑恶的。反之,则会挺身而出,体现出"真善美"。"世上没有从天而降的英雄,只有挺身而出的凡人。"我们艺术家,完全可以在精神上面成为参天大树,用艺术作品去影响他人,去传递真善美。我觉得艺术真正能对人起的作用是:我们能够用艺术为人们心里柔软的那部分建立一块栖息地。我觉得这对每个人来说都是有积极意义的。在我们歌剧院艺术厅有一个"周周演"的活动:坚持阵地演出400多场,剧场外车水马龙,剧场内充满了温度。这是举着精神之旗,立精神支柱,修精神家园。

# 文博专家谈川渝石窟文化的保护、研究和弘扬

编者按：近日，《国务院办公厅关于加强石窟寺保护利用工作的指导意见》出台，给中国石窟寺的保护和利用工作提出了明确的指导意见。我们邀请了川渝地区文博专家就川渝石窟寺的保护、研究和弘扬问题，从自己的研究和工作的角度，阐述各自的看法和建议。

## 当下川渝石窟文化的保护、研究与弘扬问题

米德昉（大足石刻研究院研究馆员、博士）：

据不完全统计，川渝地区现存历代各类石窟有3000余处，是国内分布最密集的区域。这些石窟主要集中在四川盆地北部、中部与东部地区，论其规模，一处多则有数百个龛窟（如广元千佛崖），少则仅一龛（如大足板昌沟）。其中以中小型摩崖龛居多，洞窟开凿很少。考之历史，川渝石窟发轫于北魏时期，经隋唐、前后蜀的蓬勃发展，至两宋臻于鼎盛。宋末四川因遭遇蒙元侵袭，人口急剧减少，原有的信仰群体与经济基础丧失，导致有元一代川渝地区开窟造像活动呈现断崖式衰落。明清时期有所恢复，但因传统技艺的失传与优秀工匠的断层，造像格调已难与前代同日而语。

安史之乱以后，随着大唐帝国国运的日渐衰败，中国北方石窟的营造走向衰落，会昌废佛、黄巢犯阙、五代更替等政局板荡与社会变革，更是加速了石窟寺镌凿活动的式微。这一时期四川盆地保持了相对的安宁，经济富足，人口繁盛，反而迎来石窟营建史上的黄金期。天宝、广明间，玄、僖二宗先后播越成都，大量官吏、文人、艺匠、僧侣、商人等纷纷入蜀，促进了当地社会经济与文化的繁荣，也带动了开窟造像业的全面兴盛。

川渝石窟体系代表了中国石窟艺术史晚期的丰硕成果，其独特的文化气息与艺术光芒辐射到周边，给中原文化的发展带去深远影响。整体言之，川渝石窟艺术反映了近世社会释道儒三教文化高度融合发展的历史脉络，其积极吸纳多元文明与宗教思想，在继承经典题材与形式的基础上完成本土化的变革与创新。在这些建筑与图像体系中，不仅遗存有丰富的佛教艺术题材，而且保存了完整的道教家族神系，更重要的是，川渝石窟还以三教合祀造像在石窟艺术领域独领风骚。川渝石窟艺术既体现了制度宗教严谨、传统、保守的一面，又折射出民间宗教世俗、混杂、功利的倾向，具有多元包容、内涵深厚的文化品质，在中国宗教史、文化史、社会史以及艺术史等领域的研究中有着重要的

现实意义与史学价值。

当下，国家对石窟文化的保护研究与传承弘扬十分重视。2019、2020年，习近平总书记先后视察了敦煌莫高窟和大同云冈石窟，他强调，云冈石窟是人类文明的瑰宝，要坚持保护第一，在保护的基础上研究利用好；既要深入挖掘敦煌文化和历史遗存蕴含的哲学思想、人文精神、价值理念、道德规范等，更要揭示蕴含其中的中华民族的文化精神、文化胸怀，不断坚定文化自信。

目前，对川渝地区石窟的保护、研究与利用整体上还处于初级阶段，其巨大的潜在价值与应有的社会效应并未得到充分的展现。造成这种状况的原因主要有以下几点。

**一、人才队伍建设滞后**

石窟保护与研究专业人才的缺乏是几乎每个基层文博管理单位面临的首要问题。2020年11月在大足举办的"中国石窟寺考古的过去、现在与未来学术研讨会暨中国考古学会宗教考古专业委员会成立大会"上，来自石窟管理单位的科研工作者提出得最多的问题就是人才方面的。如麦积山研究所孙晓峰博士一针见血地指出，当下大家都意识到专业人才缺乏是一种普遍现象，但更严峻的是相当一部分单位根本就没有专业人才。无人可用的困境不是某个地方或某个基层单位存在的问题，而是全国石窟管理单位共同面临的老大难问题。别说基层文管所，即便像克孜尔石窟、云冈石窟、龙门石窟、大足石刻等世界文化遗产的管理单位多年来也缺乏各类人才，尤其是高学历的研究人员严重不足。甚至连敦煌研究院这样具有雄厚科研团队的单位，近年来也为人才引进难与流失快的问题而感到焦虑。

川渝地区石窟有数千处遗存，分布于川渝的大多数区县，专业人才问题更是显得突出紧迫。大多数基层文管所现有的人员多非专业出身，缺乏石窟保护与研究方面的专业背景知识，无法对管辖区的石窟文物开展科学有效的保护与研究工作，所谓的管理只是停留于简单的"看管"层面。当然有人看管还算好，问题是诸多单位连基本的看管的人员也配备不齐。像重庆某区文管所仅有7人，要负责辖区内29处石窟和摩崖造像以及480处其他不可移动文物的管理。试想，仅凭几个人的力量如何能做到对全区所有文物全面、完善、有效的管理呢？

暂置缺人问题不谈，基层文物单位还面临缺编的尴尬。令许多单位无奈的是，好不容易物色到专业对口的人员，结果因没有正式编制，无法招进来，只得望人才兴叹。如果事情只是这样的话倒也简单，可以等有空缺了再将合适的人选招聘进来。然而，实际情况往往事与愿违，文博单位一"人"难求的窘境有时面临的不仅仅是编制的问题，也就是说即使有了空缺编制，进不进人，什么时间进人，进什么样的人，还得听从地方人事部门的"统筹安排"。听从"统筹安排"并没有错，问题是新人被分配到岗了，未必一定就是你所看重或需要的对口人才。在人员问题上相当一部分基层文管所都面临这种被动处境。所以，这里牵涉到地方政府的人才机制问题和对文物部门的重视问题。许多文博单位之所以长期得不到应有的发展，也难以做出卓有成效的业绩，除了自身能力所限外，与地方政府对文物遗迹或文化遗产价值的认识以及态度有着极大的关系。

## 二、保护现状亟待改善

川渝石窟分布广,数量多,目前列入世界文化遗产名录的有乐山大佛与大足石刻两处,第一批至第七批全国重点文物保护单位有39处(75个石窟及石刻分布点)。绝大部分小型石窟属于县级保护单位,其中还有部分尚未列入文物保护单位。尽管近几年国家逐年增大了石窟保护经费的投入比例,如"十三五"期间将重庆大足宝顶山、南岸弹子石,四川广元千佛崖、仁寿牛角寨等石窟部分龛窟纳入"川渝石窟保护示范项目",有针对性、科学化地实施了保护工程,但这主要是针对重点石窟的保护,涉及范围与对象有限。大量中小型石窟长期处于自然风化、侵蚀等环境中,不能得到及时科学的保护。

许多中小型石窟专业保护跟不上不说,常规的维护与管理也不能得到充分保障。究其原因,除了人力投入不足外,还有专项保护经费的紧缺。一般而言,石窟基本的保护设施包括防护建筑、监控设备、管理用房、基础道路、范围标志等项目。就一处石窟而言,这些设施似乎投入并不多,但就数十处甚至上百处石窟而言,经费压力就大了。如:安岳县有各类石窟遗存200余处,要保证每处石窟达到同等的管理标准与级别,仅经费这一项就已使文物管理单位力不从心了。目前普遍的做法是,将有限的经费首先用于重点石窟的保护,一般小型石窟或龛像只能"闲抛闲掷野藤中"。因疏于管理,除了自然的侵蚀外,人为的破坏行为也未得到完全遏制,文物偷盗行为时有发生,民间对造像的"修补""涂绘""改刻"等现象也很普遍。更有甚者,一些石窟造像多年前就被"弃置",个别位于城市郊区的遗迹几乎被垃圾填埋了,这样的惨状今天还存在,解决石窟的安全问题已经到了刻不容缓的地步。

## 三、基础研究推进缓慢

川渝石窟进入学界的视野并不晚,从20世纪初开始,日本及西方学者就对其有所关注,并开展了实质性的调查与研究。如1902年日本学者伊东忠太对千佛崖、皇泽寺的调查;1914—1917年法国学者色伽兰、法占、拉狄格的调查,其中色伽兰在其《中国西部考古记》中专门讨论了"四川古代之佛教艺术"。1939年梁思成等学者入川调查,之后梁氏在美国普林斯顿大学作的学术报告中首次将大足石刻介绍给国际学术界。1945年时任中国学典馆馆长杨家骆组织马衡、何遂、顾颉刚等学者一行十五人对大足石刻首次开展了系统的学术考察。之后的调查与研究工作因受国内时局动荡时断时续。

20世纪80年代以后,随着学术环境与科研条件的改善,学界对川渝石窟的研究逐步进入常态。代表性成果是一些重点石窟的基础资料以内容总录、图录、调查简报等形式陆续得到公布,为基础研究提供了依据。近些年来,国内外一些学者不断投身于川渝石窟的调查与研究,出版发表了诸多成

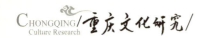

果。代表性的个人著述有罗世平的《四川唐宋佛教造像的图像学研究》,胡文和的《中国道教石刻艺术史》,胡文和、胡文成的《巴蜀佛教雕刻艺术史》,姚崇新的《巴蜀佛教石窟造像初步研究：以川北地区为中心》、美国学者何恩之(Angela Howard)的《宝顶：中国大足佛教石窟艺术》、库塞拉(Karil J. Kucera)的《中国佛教礼仪与再现》等。相应地,一些文博单位或科研机构也开始发力,出版了多部重要的考古成果,如大足石刻研究院编的《大足石刻全集》(共11卷)、四川省文物考古研究院的四川石窟系列考古调查报告(已出版的有《夹江千佛岩——四川夹江千佛岩古代摩崖造像考古调查报告》《绵阳龛窟——四川绵阳古代造像调查研究报告集》《仁寿牛角寨石窟——四川仁寿牛角寨石窟考古调查报告》《安岳圆觉洞——四川安岳圆觉洞石窟考古调查报告》等)、四川散见龛窟总录(已出版的有《四川散见唐宋佛道龛窟总录·达州卷》《四川散见唐宋佛道龛窟总录·自贡卷》《四川散见唐宋佛道龛窟总录·广元卷》等)。

川渝石窟的研究成果主要集中在近二十年,成绩还算喜人。然而相较于其庞大的存量,这些成果与我们的期望值还有距离。较之对克孜尔、敦煌、云冈、龙门、麦积山等大型石窟的研究,川渝石窟的研究整体上尚处于不均衡和滞后的状态。现有成果主要集中在大足、安岳、广元、巴中、夹江、仁寿、合川等地规模较大的石窟,即便如此,这些石窟也缺乏系统的基础资料公布。以安岳为例,安岳拥有的石窟众多,但目前还没有一部石窟内容总录,也无系统的铭文辑录。这些具有代表性的石窟尚且如此,大量中小型的石窟就更不用说了,许多长期掩于荒山野岭而鲜为人知。这些石窟是建构川渝石窟大系框架不可或缺的支柱,其中的内容题材、艺术样式、碑铭题记,体现着地域社会的历史文化与群体记忆,其独特的文化、历史、科学、艺术等价值尚未得到挖掘。

## 四、文化价值弘扬不够

党的十八大以来,习近平同志就传承和弘扬中华优秀传统文化做出了一系列重要论述。他强调:"让收藏在博物馆里的文物、陈列在广阔大地上的遗产、书写在古籍里的文字都活起来。""活起来"三个字,为文化遗产保护工作指明了方向。石窟是数量庞大、分布广泛、内涵丰富、传承有序的文化遗产,需要在保护的基础上加强学术研究,在研究的基础上重视合理利用,目的是要使其潜在的文化魅力与历史价值得到充分的展现,从而服务于当代社会经济的发展与文化建设。川渝石窟如同一部丰厚的历史图典,具有典型的地方特色与艺术范式,是研究中华民族古代艺术与文化历史的可贵佐证。

然而,迄今为止,川渝石窟的文化发掘、价值阐释以及展示利用等工作并没有展现出应有的活力,大部分石窟"养在深闺人未识",长久沉睡在冰冷的岩石中。石窟作为一项独特的文化资源并没有在区域社会经济与文化建设中发挥应有的作用。造成这一现状的根本原因,与保护、研究等各项工作薄弱乏力不无关系。以大足石刻为例,在普通百姓心目中,其知名度远没有敦煌石窟、云冈石窟、龙门石窟、麦积山石窟等高,这一点在游客情况中有间接的反映。大足宝顶山近年的游客来源统计分析显示,其80%—90%的游客来自川渝、湖北、云贵地区,远方省份的游人数量占比很低。这种境遇与其世界文化遗产的身份地位完全不相符。这也说明我们在宣传工作上做得还不够,还没有将大足石刻的魅力充分激活。

总而言之,当下对川渝石窟及石窟文化的保护、研究与传承弘扬尚存在诸多问题,不只限于以上几点。上述问题都是最紧要、最迫切、最基础的,亟待尽快解决。习总书记对石窟寺保护工作做了专门批示,国务院办公厅发布了《关于加强石窟寺保护利用工作的指导意见》,2020年国家文物局办公室发布了《关于开展全国石窟寺专项调查工作的通知》。在这种时代背景下,如何开展川渝石窟的保护研究与利用工作,是"十四五"期间摆在川渝各级政府、文物部门,尤其是基层文物管理单位面前的重要课题。对此,我认为我们首先应当解决以下问题:

其一,增加基层文物管理部门的人员编制,在配备足够的管理人员的前提下,因地制宜地引进相关石窟寺保护与研究的专业人才。同时,文物管理单位不能被动地等人才上门,要重视对本单位现有人员的培养,注重自身的建设与发展。

其二,加大对石窟的保护与研究专项经费的投入,尽快解决管辖地内石窟保护与管理中的漏洞与不足问题,加强对中小型石窟的管理与保护。同时,要进行必要的石窟调查与信息记录,尤其要加紧抢救面临消失的碑铭题刻,确保石窟历史文献能够及时得到辑录与整理。

其三,高度重视考古工作,努力建设中国特色、中国风格、中国气派的考古学。就石窟而言,考古调查是一切保护与研究工作的基础,是"探索未知、揭示本源"、深刻阐释其内在文化价值的前提。因此,"十四五"期间应有步骤地开展石窟的考古调查,大力推进考古报告、内容总录、大型图录等多种成果的出版,为深入开展学术研究与传承利用奠定基础。

其四,要在研究中大力发掘石窟的深层内涵与文化因子,使其为地方文化品牌建设、推动文旅融合发展发挥支柱性作用。要正确处理好石窟的保护与利用、学术研究与旅游发展等的关系,加大弘扬力度,让石窟文化遗产亮起来、活起来,为推动中华文明的交流与互鉴做出贡献。

### 石窟中的"成渝经济圈":摩崖题刻中的唐宋生活画卷

董华锋(四川大学考古文博学院副教授、博士):

川渝两地自古并称巴蜀,形成了特色鲜明的巴蜀文化。川渝石窟无疑是巴蜀文化板块中浓墨重彩的一笔,更是推动成渝地区双城经济圈文物保护利用战略合作的重要领域。实际上,一千年前川渝石窟摩崖题刻中绘就的两地生活画卷早已为我们提供了生动的历史映照。唐宋时期,川渝地区佛教鼎盛,留存至今的石窟近千处,其中镌刻着约1500则摩崖题刻。这些原始的、未经后人改动的摩崖题刻虽然主要内容是有关佛教的,但是,如果我们揭去宗教的面纱,就会发现其中蕴含着许多反映唐宋现实生活的内容。

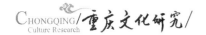

**一、农业生产：古代社会生活的基础**

中国古代是传统的农业社会，农业生产是社会生活的根基。川渝石窟中就有一批题刻是与农业生产有关的。这些题刻的内容大致包括以下三方面：

一是劝农。广安冲相寺保存有南宋隆兴二年（1164）和绍熙二年（1191）雕刻的两则《何太守劝农碑》。从碑文内容可知，渠州地方官员的官衔中有"兼管内劝农事"；每年仲春二月，他们会"遵依劝农诏旨"召集当地群众，"丁宁告谕"。石窟及其所属寺院成为"恭宣上意"的重要场合。

二是祈雨。适宜的气候环境是古代农业生产的必要条件。久旱无雨的反常气候会造成自然灾害。面对这种情况，古代先民往往会诉诸宗教的力量。合川龙多山乾道丁亥《祈雨刻石》就清晰记载了乾道三年（1167）的祈雨活动："乾道丁亥岁夏六月大旱。二十二日戊子，有祷于飞仙泉，移晚乃雨，通夕大澍，翌日，纳水于岩下。邑民欢踊，请刻石以识。县尉任源，主簿章芘臣，知县王有开"。巴中南龛也有多则与祈雨有关的宋代题刻，如第25龛的《次韵仲秉教授喜雨之作》："诉天搏手嗟亡策，上山默扣真人宅。忽然斗暗云墨黑。尽化焚焦作膏泽。稽首谢天拜低头……"这些题刻直观反映了当时农业生产的旱灾及祈雨情况。

三是息雨。雨涝是危害农业生产的另外一种自然灾害。巴中南龛第25龛就有一则宋代冯伯规七律题刻《祷晴获应喜而赋诗》："才通香火上高穹，雨脚随收不见踪。岂但五民保狼戾，也缘造物相龙钟。连山柿栗难胜摘，入市禾麻乍出春。一饱可期秋酿熟，青山绿水即过从。"其中"一饱可期秋酿熟"一句生动表现出了息雨后丰收可期的喜悦。

**二、娱乐休闲：农忙之余难得的轻松**

在农忙之余，川渝地区唐宋时期的先民也会有一些娱乐休闲活动。川渝石窟中同样保存有一批相关的题刻。这些休闲活动大多与民俗有关。从活动的内容来看，大体可以分为百戏和游艺两大类：

（1）百戏。所谓"百戏"，是古代杂技、乐舞表演的总称。从今天来看，百戏中的内容有的可纳入体育活动的范畴，有的则可归入杂技的范围。仁寿牛角寨政和五年（1115）《永怀庙碑》摩崖石碑中有关于迎神活动的内容记载，"岁复迎神幸其邑……云竿、角觓（觝）、鱼龙曼衍之戏，杂陈于前……"这段记载中的"云竿"与"橦技"类似，是一种竿上杂技。唐代诗人王建的《寻橦歌》详细记述了这种杂技活动的表演人物和表演方式。"角觓"也称角抵，是中国古代传统体育活动项目之一，其基本方法为两两相当的壮士，裸袒相搏以争胜负，类似于今天的摔跤。

（2）游艺。大足北山淳熙四年（1177）《避暑北山题记》载："吕元锡同弟元牧数来此避暑，煮饼、瀹茶、弈棋、赋诗，□为终日留。淳熙丁酉夏。"这则题刻说明，石窟已不再仅仅是庄严的佛国，同时也是吕元锡等人在炎炎夏日里的避暑胜地。该题刻中的"煮饼、瀹茶、弈棋、赋诗"描绘出一幅生动的休闲场景。"煮饼"在《资治通鉴》"汉质帝本初元年"中胡三省注为："煮饼,今汤饼也。"欧阳修《归田录》卷二进一步说明："汤饼,唐人谓之'不托',今俗谓之'馎饦'矣"。北魏贾思勰《齐民要术》"饼法"中则详细记述了馎饦的制作方法："馎饦,挼如大指许,二寸一断,著水盆中浸。宜以手向盆旁挼使极薄,皆急火逐沸熟煮,非直光白可爱,亦自滑美殊常。"从这一描述来看,煮饼类似于今天的面片。

### 三、卫生健康:瘟疫处置的正反两面

唐宋时期,川渝地区相对而言大体稳定,为大量龛窟营造提供了良好的社会环境。但这一地区的先民们也曾遭遇过瘟疫。因而,在川渝唐宋摩崖题刻中也有一批与古代瘟疫有关的材料。安岳庵堂寺天成五年(930)白衣观音造像记载:"敬镌造曜像白衣观音菩萨一身。右比丘怀真所造前件功德,意者为往年自身忽染天行时疾,归在俗家将理,并染俗家,大小不安,遂乃发心愿造……"这里的"天行时疾"也称"天行时疫",指的是古代的瘟疫。比丘怀真"归在俗家将理,并染俗家,大小不安"的经历生动地从反面证明,有效管控传染源是流行病防治的第一要务。而安岳卧佛院崇宁二年(1103)《诚誓贼盗火烛祛除邪祟神碑》中两次提及"院内亡殁行者王法显、贾慈显,俱患劳疾死亡,不得传尸谴迎"。所谓"劳疾"相当于今天的肺结核,是中国古代长期存在的一种流行病。面对因"劳疾"死亡的王法显、贾慈显,寺院严令"不得传尸谴迎",并要求"殡□后毗",即就地发送、焚化。这种做法有效地阻断了尸体传染细菌的途径,是正确处理流行病亡故者尸身的鲜活案例。这些材料细致而微地记载了古人面对瘟疫的做法,是佛教文化遗产中蕴藏的瘟疫史研究的宝贵资料,也从正反两面为今天更好地防控流行病提供了可资参考的历史借鉴。

### 四、石窟营造:众筹造像与专业工匠

对于川渝地区唐宋时期的先民而言,石窟是寄托他们美好愿望和表达各类诉求的重要场所。石窟的建造,不仅涉及宗教信仰、造像的经典依据、样式风格、仪式仪轨等诸多问题,同时也与世俗的功德主与营造工匠有莫大的关系。

川渝石窟的功德主以信众个人和家庭两种形式为主。除此之外,石窟建造还有另外一种重要的方式,即通过民间佛教组织(佛教社邑)来完成造像,即由佛教社邑这样的民间组织自发筹集资金合力完成石窟建造。摩崖题刻将这种民间组织称为"社"。社的规模各不相同,大者可达60—70户,小者在10户以内。社内有"上座""录事""平正"等不同的头衔。他们负责社内的不同事务。至宋代还产生了"老宿""道首""解正道"等一批新的社邑成员头衔。

工匠是石窟营造工程的最终实施者。他们通常社会地位不高,仅在少数情况下"亦间得附名简末"。通过"名简",我们得以通过川渝石窟中的摩崖题刻窥见其大体面貌。梳理这类资料,我们知道,川渝唐宋石窟营建工匠有完备的分工,涉及石匠、画匠、镌字匠、木匠等四个工种。各工种都有相

应的头目,称为"作头",又以技艺高低区分为都料、博士、匠三个技术级别,此外还有总领营造之事的"勾当"。工匠团队的组织结构大致有分工合作式和家族传承式两种方式。在这些工匠的努力下,川渝地区造像样式不断革新,为今天留下大批艺术瑰宝。

### 五、结语

川渝石窟摩崖题刻是一个丰厚的资料宝库,反映了唐宋社会生活的诸多方面。我择选其中的几个基本方面做了简要分析。通过这种分析,我们大致可以勾勒出一个川渝唐宋社会生活的基本轮廓。川渝两地石窟共同绘就的这幅唐宋生活画卷,无疑是我们今天贯彻落实习近平总书记有关石窟寺和文化遗产系列讲话精神,以及国务院办公厅《关于加强石窟寺保护利用工作的指导意见》,推动成渝双城经济圈建设的鲜活历史注脚。

**加强川渝合作发展,强调世界文化遗产——大足石刻的示范意义和优势引领作用**

*秦臻（四川美术学院教授、博士）：*

从中国石窟的发展来看,其肇始于魏晋南北朝时期的开窟造像,至隋唐臻于鼎盛。这些石窟遗存,以敦煌、云冈、龙门、麦积山以及大足石刻最为知名,主要分布于沿新疆、河西走廊到甘陕地区的古丝绸之路沿线和传统的中原北方黄河流域以及中国西南和长江下游地区。晚唐之后,石窟营建、开凿重心北下南移到中国西南,先后形成了以广元、巴中、大足、安岳、合川等为主的川渝地区石窟造像群,其中,以佛教题材为主,儒、道造像并陈的世界文化遗产——大足石刻为其最典型、艺术成就最高的代表。

自20世纪30年代大足石刻"乙酉考"开始,国内外学术界对于川渝地区石窟的认识及研究,逐渐丰富,已从传统考古调查、编目到对其形制、风格、年代、题材等内容的判断,再到对石窟营建的历史背景、工艺成就和石窟艺术所反映的社会文化、思想状况的综合研究,如今已逐步拓展到文化遗产和石质文物的保护以及博物馆展示和开发利用等方面。

2020年,习近平总书记对大同云冈石窟历史文化遗产保护工作进行了考察,总书记在详细询问石窟开凿历史、艺术风格、文物保护等情况后指出,云冈石窟体现了中华文化的特色和中外文化交流的历史,是人类文明的瑰宝,要坚持保护第一,在保护的基础上研究利用好。为深入贯彻习近平总书记的重要批示精神,落实党中央、国务院决策部署,切实加强新时代石窟寺保护利用工作,国务院办公厅颁布了《关于加强石窟寺保护利用工作的指导意见》,指出加强石窟寺保护利用工作,事关中华优秀传统文化传承发展,事关社会主义文化强国建设,事关高质量共建"一带一路"和促进文明交流互鉴,具有重大意义。

我们今天讲的石窟寺研究,指石窟造像及其所在的龛窟,以及其所在区域的自然环境、地理环境、人文环境与社会环境的研究等。在当前对石窟寺展开的持续性研究热潮之中,已经形成了文化遗产发掘、保护、传承、创新的完整链条,这对于川渝石窟寺遗产的发掘、石窟艺术的研究与文物保护,乃至国家文化软实力的增强,都具有超乎寻常的意义与价值。川渝地区的石窟遗存,集合了中国儒释道文化,是绵延千余年的活态文化空间,在这个经济转型、文化复兴的伟大时代,越发彰显出其重要性。

作为古代艺术和地域文化的研究者,对川渝石窟的保护、研究和文化弘扬问题,我有以下几点粗浅的认识。

首先,对文化遗产的保护是首要的,保护性修复研究是巴蜀石窟研究的重要内容。新中国成立以来,川渝地区的石窟保护相继经历了环境清理及除险、多学科合作综合性保护、预防性保护与大规模本体修复等三个阶段,工作内容集中于加固、修复和数据采集。近年来,以大足千手观音修复,潼南大佛修复等为契机,文物保护研究已从传统的维修、复原发展到利用新科技成果以及与虚拟现实技术结合等领域,已基本形成了具有共识的保护理念、日趋成熟的加固保护技术,以及编制完善的基本技术标准。同时,保护材料的研发和地质、生物病害的治理也取得不少新成果。但是,从整个川渝地区来看,仍然存在整体发展不平衡、具体个案的保护实践存在争议等问题,而且,大量石窟缺乏必要的加固修缮和有效的保护管理,正面临日益严重的自然损坏与人为破坏等问题。这种情况下,加强川渝合作,协调发展,强调世界文化遗产——大足石刻的示范意义和优势引领作用就显得尤为必要。

在艺术研究方面,除了被誉为"世界石窟艺术史上最后一座丰碑"的大足石刻,川渝地区尚有更多深藏于深山的精美石刻遗存有待于我们进一步发掘、研究。从1947年梁思成在美国普林斯顿大学的学术研讨会上,第一次介绍大足石刻的艺术成就开始,大足石刻便进入了艺术家和艺术史家的视野。对大足石刻的关注不仅产生了石窟艺术和考古研究的大量成果,也催生了一大批受益于石窟艺术的当代艺术作品,这又反过来带动了对巴蜀石窟艺术的研究和宣传、推广。当然,我们也看到,当前研究主要集中于对石窟造像的形制风格、布局、艺术特色和文化背景的研究,对巴蜀石窟艺术价值的判断较少,结合文化传承、文旅融合背景下文化创新和发展模式的研究更少。因此,要形成多学科合作研究的模式,通过整合人文社会科学和自然科学的研究力量,建设起稳定的研究学术科研队伍和创作队伍,有序进行考古调查、艺术研究、价值阐释、成果普及,同时,要通过策划一批石窟艺术的精品展览项目,塑造川渝石窟寺文化传播品牌,达到共同保护和传承人类优秀文明成果的目的。

活化和传承,是新时代对历史文化遗存的要求。目前,川渝地区对石窟的利用,仍集中于对石窟的旅游开发和有限利用上。接下来应通过石窟陈列展示的提质升级工程,打造精品展览,完善导视、讲解系统的人性化设计和高质量建设,鼓励有条件的石窟寺建设遗址博物馆等,推动联合办展、巡回展览、云展览等线上线下相结合的展示模式;通过整合川渝石窟资源,建设国家文化遗产线路、国家遗址公园等方式,加强石窟研究与文化创意和产业发展的联动,协调发展。通过上述举措,打造石窟

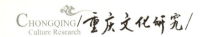

文化艺术精品,讲好中国故事。

国务院办公厅颁布的《关于加强石窟寺保护利用工作的指导意见》,为川渝地区石窟寺的保护研究指明了方向。通过多角度、全方位的学术整合,深入挖掘石窟艺术的人文精神与价值理念,通过数字化、信息化手段实现文化遗产创新资源的共建共享,协同培育文化遗产创造性转化,不但有利于激发川渝石窟艺术的活力,提升石窟艺术的价值传承、文化创新与成果转化,而且更是全面提升川渝地区文旅融合、协同创新发展能力的重要手段。

## 目前石窟寺保护研究面临的问题

雷玉华(西南民族大学研究员),陈正菊(大足石刻研究院馆员):

我国石窟寺数量多,分布广,集建筑、雕塑、壁画、书法等艺术于一体,充分体现了中华民族的审美追求、价值理念、文化精神。习近平总书记非常关心石窟寺的保护与利用工作,他先后考察了云冈石窟、敦煌莫高窟,并做了一系列重要指示。2020年,《国务院办公厅关于加强石窟寺保护利用工作的指导意见》发布后,"加强石窟寺保护利用工作,事关中华优秀传统文化传承发展,事关社会主义文化强国建设,事关高质量共建'一带一路'和促进文明交流互鉴"已成广泛共识,石窟寺保护研究迎来了春天。我们应该抓住机会,去完成我们尚未完成的工作。为此,必须先厘清基层石窟寺保护、研究、利用中的普遍情况,才能够更好地达成目标,服务于社会主义文化强国建设。在三十多年的基层文物工作中,就石窟寺保护与研究我们有以下几点体会,不当之处,请同行们指正。

### 一、大量石窟寺缺乏基础研究,难以满足利用需求

目前我国除了对敦煌莫高窟、大足石刻、云冈石窟、龙门石窟等世界文化遗产有较多、较全面的研究之外,对大多数石窟的研究都严重不足,大量的中小型石窟寺,甚至许多被列入国家文物保护单位的中小型石窟寺,连基本资料都不完善。目前,在石窟寺保护研究中普遍存在以下问题:

一是基层人才严重缺乏,研究能力有待提高。目前除了敦煌莫高窟、大足石刻、云冈石窟等世界文化遗产地有较强的科研团队外,大量的石窟寺管理单位科研力量薄弱,特别是南方石窟寺(摩崖造像)管理单位,极少有专门的研究人员,有的地方甚至没有专门的研究人员。虽然近年来设置了不少研究机构,研究力量仍然严重不足。一些全国重点文物保护单位的石窟寺及石刻管理机构,甚至没有一个人能说清楚自己管理的石窟寺及石窟的点位、内容、年代等最基础的情况。其保护与利用,尤其是利用水平可想而知。一些国家文物保护单位的解说词还是20世纪90年代当地的文化爱好者所写,其内容早已不能跟上今天的社会发展水平了,还有一些地方甚至根本没有解说词。

二是受基础资料限制,研究不够深入。石窟寺研究虽然涉及历史、社会文化、艺术、建筑、宗教等方方面面,但其最基础的工作应该是田野考古。只有通过田野考古,才能将其材料全面、系统地梳

理清楚。但由于石窟寺考古涉及内容太广,所以必须多学科合作。要全面认识一处石窟寺,必须具备两个条件:首先要有相关的学术背景知识,其中与石窟寺相关联的各种历史知识必不可少;其次,要对石窟寺进行科学全面的考古调查与研究,要在全面掌握详细资料的基础上进行深入的研究,才能全面正确地判断其价值。因此,石窟寺考古只有考古知识与技能显然不行,只有文史知识也不够。目前,大部分地区基本没有完成对以考古报告为代表的基础资料的全面梳理,因此,研究也不能深入下去。

三是多学科合作不足。石窟的开凿与发展历史时间长,反映的内容丰富,几乎涉及社会生活的每一个方面,可以说是对古代社会的综合反映,任何一个学科都不可能很全面地研究其全部内容。然而目前包括高校在内的科研单位与地方文物单位在合作实际过程中遇到较多制度障碍,导致学科合作不够。

## 二、保护工程项目数量大增,价值认识有待提高

认识与挖掘石窟的文化内涵是石窟保护利用的前提,文化内涵不清楚,保护的目的也就不明确,保护工作的质量也会大打折扣。只有通过深入的学术研究、弄清其文化内涵、准确理解其价值,并将研究成果转化为科学普及的内容,才能服务于今天的社会,真正发挥石窟寺的作用,我们的保护工作才有意义。近二十年来,中国石窟寺保护工程越来越多,质量越来越好,石窟寺保护人员的技术能力与工艺水平大大提高,人才数量迅速增长。近年来的一些保护工程带着科研项目,集研究与保护于一体,可以说已与国际同行同步,但这只是其中的极少数,大多数保护工程还只是工程,没有科研因素。目前我国石窟寺保护工程虽然有了价值评估,但往往不是在有针对性的、充分研究的基础上进行文化价值的评估,很多价值评价来自保护单位申报时得到的评语或某些局部研究成果,而没有专门针对工程项目进行全面的研究,也没有严格意义上的考古研究,价值认识明显不足。

## 三、以川渝石窟为代表的南方中小型石窟的保护利用急需制度保障

南方石窟与摩崖造像点位多、分布广,尤以川渝地区最多。川渝地区是当之无愧的石窟大区,川渝石窟表现为石窟和摩崖造像两种形式,数量和类型均居全国第一,同时又是佛教完成中国化之后所形成的区域特色的典型代表,其文化内涵极其丰富。但川渝地区摩崖造像所在地大都山高路险,管理困难是最普遍问题,研究起步晚,大量点位的基础资料不完善,更谈不上研究;有的地方还不断有新发现,还没有开展研究。以成都为例,成都是川渝两地佛教石窟和摩崖造像的艺术源头,其文化思想与艺术形式对周边地区有很强的辐射及引领作用,弄清楚成都及其周围摩崖造像的内容、性质及文化价值,事关川渝石窟总体的保护与利用,成都周围的石窟与摩崖造像数量极大,但有关研究极少,至今没有一个县区公布过系统的考古资料。又如著名的石刻之乡安岳县,关注与研究的学者不

少,囿于田野资料的缺乏,研究难以深入。形成以上情况的主要原因,除了环境、交通等自然条件外,还有以下两个原因:

一是基层文物管理所或管理单位除了办公经费外,基本没有石窟日常维护管理经费,石窟点位多的县、市,工作人员严重不足。二是一些地方实行参公管理后,没有了专业岗位,研究人员和熟悉管辖范围内文物点的人都存在后继无人的情况。

针对以上问题,我们认为,石窟寺保护与利用应该从制度、经费、人员、研究项目、地方与高校合作机制等多方面进行顶层设计,统筹计划。就目前的状况而言,基层文物部门很难自己解决这些问题。

# 话说梁平"母体艺术"中的挑花刺绣

吴本新

（重庆江北区文化馆）

【摘要】出自梁平农村妇女之手的挑花刺绣绣品有小孩肚兜、鞋帽、儿童背带、嫁妆服饰、枕头挡子、围裙、头巾等。由本源艺术那里传承过来的哲学、美学思想以及形象内涵，是长期影响民间艺术创作的"酵母"。

【关键词】种类；色彩；技法

刺绣出自女人之手，故称"母体艺术"。

刺绣在中国的流传长达四五千年，中国的刺绣在世界上出现得最早，历史悠久，它因丰富的针法、精湛的技艺和多彩的造型而独树一帜、举世闻名。中国封建传统的社会制度讲究男耕女织，所以，学习女红掌握刺绣成了女子的必要功课。良家女子以"善织巧绣"为业，而富家女子以"闺房绣楼"为贞。明清两代，苏州地区已形成"家家养蚕，户户刺绣"之风，绣品逐渐走进了平民百姓的生活中，大大促进了全国各地刺绣业的繁荣。

梁平地处平坝，由于生活的富裕，民间文化资源底蕴深厚且富有个性，以梁平民间挑花刺绣枕头挡子、小孩肚兜为代表的绣品与布玩具、剪纸、面塑、蓝印花布等众多艺术品，构成了今天梁平民间艺术的母体。

人们常说的"枕头顶子"，也就是川东人所说的"枕头挡子"。民国初年，原万县地区周边的县城，如：梁平、开县（今开州）、忠县、云阳、巫山、巫溪都流行一种呈长方体的枕头，它长约1.2米，宽、高约10厘米，侧面两头呈正方形。布料一般为红蓝二色粗布，枕芯常灌满稻壳，将枕头鼓起，它既保暖，又松软，更经济，常供双人使用。为装饰美化枕头两边的"挡子"，妇女们总是为它绣上花朵，形成流传至今的具有收藏价值的民间手工艺品"枕头挡子"。

图1 枕头挡子

过去,川东梁平的未婚女子,从小都要学针线活,既能缝缝补补,又能挑花刺绣,常将一些刺绣生活用品作为陪嫁,如鞋垫、帐帘、枕头挡子、围裙、被面等。多年后,随着嫁妆,从娘家抬到婆家,鼓乐竞作,绕村一周,这叫作"晾嫁妆"。纵观数件陪嫁用品,一件件枕头绣片总是那么引人注目,过往的行人、邻里会交头接耳,表示赞许。新婚后,那新娘子的床上摆放着整齐的被盖,红红绿绿,两边长长的枕头摞起,枕头挡子向外,一幅幅寓意吉祥的绣面,鲜艳夺目。妯娌之间、姑嫂之间相互交换枕头绣片,切磋刺绣技艺,向至亲友人赠枕头挡子绣片作为纪念。将余下的枕头挡子绣片珍藏起来,终身相伴。小小绣片对女人一生有重要作用,同时也给她留下美好的回忆。

从朋友收藏的具有不同风格的枕头挡子绣片可以看出川东的劳动妇女对美好生活的向往,她们常借用传统吉祥图案,如牡丹、凤凰、荷花、石榴、梅花等,来表达对幸福生活的愿望。她们利用蝙蝠、葡萄图案来寓意多子多福、福禄寿喜,用喜鹊闹梅、花好月圆图案来暗示爱情忠贞、婚姻美满,用五谷丰登、莲年有鱼图案来寓意丰衣足食、年年有余,用天官赐福、钟馗捉鬼图案来寓意驱邪镇妖、平安吉祥。其传统绣法在一代代中传承与发扬。如:齐针绣,是各种针法的基础,其针是平行的,绣线排列整齐均匀、不露针、不重叠,起针、落针都在花样的边沿,极富表现力;铺纹绣,按照对象纹理、形态,分批分层前后衔接漫游式地运针,绣线颜色变化灵活,按深浅色渐变形成色晕的绣纹,又叫晕针;补绣,又称贴绫绣,按花纹选用布帛绫缎制成花形;钉线绣,将较粗的单线、双线用线盘结成花纹块面,固定在花面的针法。

不同的绣法,不同的题材,不同的色块,不同的寓意。几朵花、几片叶、几只雀把这方寸之地表现得淋漓尽致。极为简洁的语言,大胆的夸张手法,无不表现出山区劳动妇女的匠心,让人叹为观止。时至今日,我想在那大山深处,仍还有那长长的枕头与人们朝夕相伴,叙述着生活的点点滴滴,那枕头上的绣片无声地倾诉着山区劳动群众的纯真情感。那精湛的刺绣技艺也是山区劳动妇女追求美的心灵写照。同时,也暗示巴文化的传承仍在延续。

民国时期，重庆东部的梁平、开县（今开州）、巫山、巫溪地区流行一种挑花饰品——肚兜，常用于小孩穿戴避寒与装饰。百姓为了祈求小孩吉祥如意，健康成长，往往给小孩肚兜镶上"驱邪降福"的长命锁，这是汉族的一种育儿风俗，在城乡各地广泛流传。当时人们认为人有灵魂，小孩出生到12岁之间，魂魄没有长全，不宜惊吓，因此需要特别保护。衣服上常装饰的凤鸟、虎头源于古老先民对巫术的信仰。由于认知有限，旧时的人们常把无法解释的现象和无法改善的状况归于天地自然，他们相信自然界中存在某种神奇的力量，能给予人类一切，也能夺走人的一切。于是，人们把一切美好的具有寓意的动物、植物图案作为崇拜的对象。这些象征图案以及具有吉祥之意的符号纹样，也是宗教形式的一种，它出自原始人类对自然的崇拜和畏惧，带着占卜和祈福的感情，折射了一代又一代人的生存意识。

随着历史的演变，图腾也一直没有脱离民间百姓的生活，它是百姓自己所创造而又自己享用的精神符号。在一代代先人的崇拜与传承中逐渐成为一种生命的信仰和生存文化符号。同时，百姓又把对生活的美好祝福与企盼，通过"长命百岁""榴开百子""福禄双全""莲年有鱼""金银满堂""财源广进""梅开五度""丹凤朝阳"等传统纹式以及肚兜这一载体表现出来。

梁平肚兜，这一中国民间女红艺术，经母女、婆媳之间代代相传，延续至今。它不受上流社会所规定的服饰礼制的约束，在主题、造型、色彩、技巧上自由表达，体现出劳动妇女的审美和趣味倾向。笔者曾多次深入巫山、巫溪，搜集到不少肚兜、围裙、枕套及挑花刺绣饰品，通过不同风格肚兜饰品可以看出，常见的样式为用白棉线挑刺在青色布上，或以青棉线挑刺在白布上，或以彩色丝线在绸缎上挑花。其常用手法有堆绣、绒绣、挑花等，其制品手工精湛，缝缀严谨，能自由、大胆、创造性地运用形式美的法则，比如对称、均衡、反复、对比、呼应、协调等。形式美的种种规律在作品中得到和谐而统一，其肚兜图案均由点线制成色彩鲜艳、寓意深刻的艺术符号。

图2　白底挑花

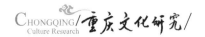

图3　黑底挑花

梁平不知还有多少民间艺术品平凡地置于生活的底层,起着无法估量的作用。我们眼睛常年盯着"精英文化",并受着"雅文化"的熏陶。要真正认知民间艺术的美,就必须去除成见,拿出真诚来,只有这样才能与平民的创作相沟通,才可能体会到民间艺术真、善、美的内涵,悟出它蕴藏的民族元气和灵性。

在田野考察中,我们发现梁平一些山区,如福禄、紫照、大观、柏家一带,挑花刺绣技艺盛行。妇女利用农闲时节,传承挑花刺绣,往往是母亲传女儿、姐姐传妹妹,多从少女时学起。出自她们手中的图式纹样代表了川东地区民间美术的精髓。

在她们所绣的小孩肚兜、儿童背带、嫁妆服饰、枕头挡子、围裙、头巾、包帕、桌布、帐帘等生活用品的图案中,祖先众神的故事、传说英雄的事迹等,无所不包、无所不有。在尚黑、尚蓝、尚红的基调下,交织成一个既神秘又浪漫的色彩世界,令人神往。

特别值得一提的是,最为普通的绣品鞋垫,是梁平广大农村妇女最常见的手工制品。鞋垫大都是为男性而制作的,是姑娘为情人、妻子为丈夫、母亲为儿子所做。鞋垫充分表现了男女的亲密关系,表现了女方的情感寄托,是包含情与爱的传统民间艺术品。这些农村妇女的刺绣图案中常出现恩恩爱爱的文字表述,是民间美术饰品中最纯洁而真挚的情感部分,它应该是最可贵的。出自梁平农村妇女之手的还有布玩具、面塑、剪纸、蓝印花布等。由本源艺术那里传承过来的哲学、美学思想以及形象内涵,是长期影响民间艺术创作的"酵母"。

由此可见,梁平妇女艺术实在是民间艺术最重要的部分,是母体,故可称为"母体艺术"。母体艺术与商品无关,与艺术专利无缘,它的创造是一种无保留的、开放性的自由艺术活动。

# 许世虎：多元视角下的艺术情怀

邵大箴

（中央美术学院）

　　阅读许世虎先生的绘画作品，走近他几十年走过的艺术历程，有一个很深的感受，那就是：他是一位与时代同步，具有多元性、创新性、包容性的艺术家，他的一幅幅作品，反映了他审美理想的变化及对当前文化艺术的深刻认识。

　　1956年，许世虎出生在重庆一个普通家庭，父母亲都是当地的小学美术老师，他们对儿时的许世虎绘画带来很大影响。那时他就喜欢在纸上涂抹，尽管家里不富裕，父母还是省吃俭用买来纸、笔和图画本，来满足他的绘画要求，让他将心中美的形象表现出来。这看似简陋的绘画工具，却成为他走向艺术道路的启程航帆。饭可少吃，衣可简穿，书还是要读，画不可不画，许世虎想尽办法让自己多画点画，有时虽然累得都直不起腰来，但还是收获不少，乐在其中。出于羡慕和好奇以及对艺术的追求，少年时代的许世虎处处寻找学习的机会，后来他决心去考四川美术学院，应该说在对待学习这个问题上，他是有心人。1980年，许世虎如愿考入了四川美术学院工艺美术系，在校期间他勤于自学、勤于钻研，自觉地认识并掌握了中国画、雕塑及色彩学的基本原理，再注入自身的热情，为将来从单一到多元化作品创作奠定了坚实基础。

　　许世虎是一位令人注目的人物，他不断有新的作品问世，画风悄悄地变化，形式、语言在逐渐完善，20世纪90年代初，能体现许世虎艺术风格的作品当数《春天里的歌》(图1)，这幅水粉画是他的得意之作，入选法国卢浮宫美术沙龙展并获特别奖等众多奖项，深受好评。许世虎表示："这张画画了一个多月，一个花瓣都要画一两天，确实需要去坚守，没想过什么时候画完这幅画，只是在想还能不能再画。"这看似朴素的语言，包含了许世虎丰富的学术内容，许世虎吸收西画造型之后出现了写实的倾向。对于这点有人提出质疑，认为这是对传统中国画的否定，这种看法似乎脱离实际，不够全面。中国画中的花卉创作吸收西画写实造型，是在"五四"之后"中西融合"大思潮中产生的一种普遍现象。不可否认，"中西融合"大思潮对中国现代文化和现代艺术有积极推动的一面，也有压抑传统文化和传统艺术的一面。那时因为"西学"以强势的姿态"东渐"，写实造型的西画也是以"科学"的方法被引进来对传统文人画加以"改造"的。但是，中西艺术交流、碰撞的过程，产生了刺激和推进中国传统艺术向现代转型的积极成果,尤其在风景画领域。当然,"新体"风景画有个逐步完善的过程。如何把西画的素描写实造型融进以线为基础的国画写意造型之中,需要几代艺术家的努力。文化艺术只有在继承中创新、在创新中继承,才能适应不断变革的时代需要,才能满足不断变化着的人民审美的需求,这点,许世虎做得很好。

图1 《春天里的歌》

自古至今,每个人都生活在特定的环境中,但是,这并不表明在同一时代生活的人,对客观社会环境的主观反映所体现的价值和意义都在同一个层次上。世界观和人生观决定了人生的选择取向,艺术也不例外。

许世虎表示"艺术家的情怀不能是单一的,要用不同的题材,不同的技法创作出不一样的作品,要有多元化"。调入重庆大学后,许世虎这种观念和对技巧的认识不断在深化,他在绘画上新的追求表明他有新的心得和体会,有新的艺术追求。他创作的以《亮眼桥》(图2)和《竹林人家》为代表的一系列描写自然风景的绘画作品,在艺术风格上有较为明显的变化。在这些作品中,作者更重视线的表现力,更注意发挥虚实在布局中的作用,语言更具有写意性,一句话,更体现出文化精神。他似乎把写实造型技巧隐藏在画的深处,不让它表露于外,但在景象塑造上,仍然可以感觉到他得益于写实的造型功底。这种风格的变化,对画家个人来说,是实践经验累积的结果,也可以说是一种新的体悟。对当代的中国社会来说,是时代给中国创作提出的新课题,与其说这是对出现的某些偏差的一种补偿,不如将其看作"旧"与"新"的"整合"。不论人们在这个问题上存在着多少意见分歧,我们必须面对这样的事实,那就是当代绘画要扎根于深厚的民族文化艺术传统,但这绝不意味着要单纯地走文人画老路,目的在于,可以从中汲取重要养料,也就是哲学上所说的"拿来主义"。许世虎的思维是辩证的,他清楚地意识到了这些问题的实质所在,似乎有三个重要的概念在他脑中徘徊,那就是"多元"、"创新"和"包容"。因此,他的艺术风格的变化或转型是自然的,而不是刻意"做"出来的。具有开阔文化视野的许世虎,在向艺术深处不断进发的过程中,用简练、含蓄甚至朦胧的语言表现某种意境,表现对人生、心灵和自然的思考。无疑,他是在探索笔墨的无限可能性。

　　许世虎懂得时代在发展,人们的审美趣味在发生变化,艺术家的创造必须适应时代和大众的需求,艺术家必须在传统和现代的审美意识之间架起桥梁。显然,他和许多当代从事创造的艺术家一样,在多元化艺术方面所做的努力,是为了创造具有现代感的艺术,其既有健康的格调,又有充实的内容。这是我们新时代的艺术历程。在这条道路上许世虎已取得丰硕成果,但仍有施展才智的广阔空间。相信他不会辜负人们寄予的厚望,在艺术创造上会做出更大的贡献。

图2 《亮眼桥》

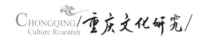

# 詹蜀安漆艺创作感想三篇

编者按：詹蜀安以精湛的髹饰技艺享誉川渝内外，留下精美的漆艺作品供后人观摩学习。斯人已逝，精神随作品永存流芳。特刊出詹蜀安老师生前漆艺创作感想一文和漆艺作品数幅，杜大恺和周冠宇缅怀文章各一篇，供读者欣赏学习。

### 东方髹饰与西方光影的完美邂逅

*詹蜀安*

2014年秋，我和朋友结伴前往四川九龙县五须海收集创作素材。前往途中经过甲耕坝，我被湿地优美的景致震撼，直到现在仍然久久不能忘怀，于是就有了现在大家看到的《甲耕坝湿地》这幅作品。令我没想到的是半年过去了，《甲耕坝湿地》竟也打动了不少观者。大漆材料天然色泽的优势，对于水的表现超越了其他画种。我运用沈福文先生的技艺体系，将"粉质颜料和透明颜料对比配合运用"，这一创作实践再次印证，中国漆在三维运用上有着无限的表现力和广阔空间。

图1　詹蜀安

图2 《甲耕坝湿地》 漆画 詹蜀安

　　中国磨漆画的奠基人沈福文先生,早年留学日本,在日本国宝级工艺大师松田权六先生的指导下研究漆艺。对日本所藏中国唐代漆艺遗物、早年流入日本的中国明代漆艺专著《髹饰录》手抄孤本及中日两国刊印本、东洋漆艺对中国漆艺的传承与发展等的研究,加深了他对中国传统漆艺的认知与理解。沈先生重点挖掘、整理巴蜀传统漆艺,并锐意创新,开拓出了以彩绘、堆、填、罩、印、镶嵌、脱胎等多种装饰工艺相结合的、具有重庆地方特色的漆艺制品。其中"研磨彩绘"应是重庆漆艺精华之所在,是不可多得的工艺文化遗产。

　　沈先生严谨治学的精神使我感动,同时得益于他的引导我才能走到今天。回顾我数十年来在漆艺创作领域里经历的艰辛磨砺,感慨颇多。然而,在艰难中努力挣扎,昂首精进,使得我终于有幸赶上漆画艺术的转折时期,成为前辈的接力人。我所取得的这些成就,融汇着他们的光辉。

　　如今的情状是,漆在日常生活中的使用功能日渐萎缩,这种无形的环境压力迫使中国漆艺要在后工业文明的现实社会里向艺术领域升华,这也是全世界手工艺文明凤凰涅槃的必经之路。以往处于社会底层的手工艺人阶层将不复存在,但这不是消亡,而是他们将以更加耀眼的魅力出现在艺术象牙塔的尖顶之上,他们的艺术作品将成为博物馆里的瑰宝和私藏界的宠儿。从事手工艺创作的人也将不再是一个简单的艺匠,而是某种意义上的新的"精神贵族"。以漆艺而言,无论是带有一定实用性和摆设价值的制品,还是从装饰附属地位独立出来的一种独特的绘画品种——漆画,鉴于材料的稀有性和技术工艺的复杂性与困难性,商品经济中的一般商品都不能与它们相提并论。艺术和审美价值,才是漆艺在这个时代所追求的目标,而不是成为大众消费品。

从我自己的漆画创作历程上看,我前期的作品虽然融入了不少现代表现形式,但依然偏于装饰性。后期则有意识地做了绘画性的追求探索,虽和西方绘画(尤其是油画和版画)有形式的统一,但我特别在意对传统漆艺独特魅力表现的追求,这也可以说是我作品的核心价值所在。

人们都说漆画是漆艺与绘画的结合,但这并不等于是用中国漆去模拟绘画。这也是我对当前漆画界那些不谙习中国传统漆艺特性和技术,盲目转换媒介,大量使用合成高分子涂料创作"漆画"的现象持保留态度的原因。有识之士亦指出,大量使用化学漆,甚至以合成涂料取代大漆,势必会对中国传统漆艺造成毁灭性的杀伤!我是坚持中国传统漆艺的,传统漆艺的独特魅力是用其他媒介难以替代的。我认为中国漆艺材料的独特性与其局限性是相辅相成的,人们一般将局限性强调为负面影响,实则是一种误解。漆画家使用各种独具材质美感的装饰材料,通过中国漆艺特殊的髹饰技术和工艺过程,层层漆膜及嵌合装饰,在反射、折射和透射的作用下交相辉映,产生出一种漆画所独有的变幻微妙、深沉复杂的视觉效果。如果艺术家把这些视觉效果有意识地、匠心独运地组织到他作品的表现主题中去,就会产生一件好的漆画艺术作品。正因如此,漆画所具有的另一个鉴赏特性是难以机械复制,从画册的印刷复制品是难以看到漆画的"庐山真面目"的,只有面对原作才能领略漆画之美。

通过漆画特有材料所做的朴素的形式语言表达,透视到画外则是在磨砺中度过的艺术与人生经历。我不够聪明,却坚定不移,不离不弃地走到现在。这些作品是我真切的内心对白,是对艺术挚诚的情愫。尽管不易,在饱尝人生百味之余,还是觉得自己活得格外充实和满足。

生活方式的改变决定现代人的审美价值取向,虽然层面上各有差异,但从造型到纹饰必须要适应总的发展趋势,如果因袭不变,再好的技艺也只是复制。多彩的信息时代下,积极创新技术,艺术家们责无旁贷。正视时代需求,研究审美的借助形态和元素,是我数十年来一直思考的课题,也是在漆艺教学中始终贯穿的一条思路。除了材料的使用、技术的把握上鼓励学生大胆创新之外,我还刻意在构成思维上引导他们,让他们时刻牢记无论生活方式怎样改变,作品的设计理念必须适应时代的需求。《菊花瓶》这一系列作品正是这些思想的体现。

## 詹蜀安磨漆画的时代精神

杜大恺

20年前,蜀安来北京进修,我与他得以相识,年后他回到重庆,这之后我们只见过两次。一次是其后不久校友团拜,他重回北京。其实,我已忘了,他尚记得,还记得我对他说:"到我家去。我炒几个小菜,喝点酒,不团拜了。"一次是1985年,我与十几位美国留学生赴三峡游学,途经重庆,我赶到他工作的单位去看他。20年里只见过两面,但彼此心里有难以割舍的牵挂。这就是人,有些人天天在一起,但在心里却相隔千里,有些人虽然人各东西,而心却可能贴得更近。感情有自己衡量空间的一把尺子,非物理的,看不见却可以感觉的尺子;不只如此,甚至在时间的维度上,情感亦可能逆向而行,一些事实上已很久远的存在,仍可能恍若刚刚发生。

蜀安一直做漆画。读他的来信,我知道他还在做漆画,不用化学漆,仍用大漆,很刻意。四川人多有韧性,很拧,如同其日夕面对的长江,永不回头。

图3 《大漆荷花盘》 漆画 詹蜀安

漆画在前几年的冷寂我是感同身受的,因为我周围有一些漆画的从业者,随时都能看到他们身处消费时代的挣扎与无奈。消费时代颠覆了许多传统的价值规则。不仅蜀安,不仅漆画,许多行业包括这些行业的从业者都在经受消费时代的价值变故和价值迁移,但仍有人不为所动,他们的坚韧使我震撼,这使我经常想起童年时曾读过的高尔基的小说《丹柯》中的主人公,那个撕开胸口掏出心脏,将其点燃,当作火把,照亮森林,导引迷途者走出绝境的那个理想主义者。任何时代都会遭遇价值失落,任何时代都有如同丹柯这样的人,不顾一切,忘乎所以,恪守信仰。

这些人有时是少数,在多数人的眼里他们很像那个与风车搏斗的堂吉诃德,浪漫而荒诞,但这些少数人的内心是快乐的,我对这些人一向只有崇敬,我认为正是这些人以一种近乎悲剧的行为维系着生命中的或被人淡忘的信念,使历史在看去似乎坍塌的状态时仍然得以运行得有规有矩。

但蜀安也有现实的一面,在似乎无望的消费时代他竟依然能邂逅一些机遇。其实消费时代也不是一抹灰色,消费的分层化是正在形成的趋势,这也使蜀安抓住了机会,使他能够继续维系一生的追求。从与他的通话中,我感到他的快乐。

时代变革中的生生灭灭多数是不可预言的,暂时看去已近绝望的事物,也许顷刻之间又会绝处逢生。就漆言之,漆画之外,理应还有更为广阔的空间,也许将来的漆艺术会如同漆的本性一样弥久愈新。仅为蜀安,我亦希望这不是一种妄断。

川陕之间三国时即开始凿筑的栈道我认为是较之长城规模次之而险绝更甚的伟大工程,是人类勇气和智慧的呈现,艺术创造在一定意义上始终面临着同样的境况。

我期待着有一天,我仍能与蜀安举杯对酌。真有那一天,一定会是另一番情景。

图4 《三角梅盘》 漆画 詹蜀安

## 耕耘半个世纪 誉满巴蜀内外——追忆重庆漆艺大师詹蜀安

周冠宇

任何时代都会遭遇价值失落,任何时代都会有如同高尔基小说中的丹柯这样的人,不顾一切,忘乎所以,恪守信仰。詹蜀安使千年的东方髹饰邂逅百年的西方光影,完成了大漆实现三维表达的精微的绘画性。

詹蜀安1941年生于江西省婺源县。1957年考入四川美术学院附中,1961年毕业后到重庆工艺美术研究所工作,1981—1982年中央工艺美术学院特艺系装饰绘画专业结业。长期进行漆器、木雕、石雕、刺绣等工艺美术项目的研究、设计与制作,硕果累累。对重庆和四川工艺美术事业贡献突出。在全国工艺美术行业具有一定的影响。1989年被评为高级工艺美术师,1990年被授予中国漆艺家称号,1992年被授予四川省工艺美术大师称号。

詹蜀安的强项是漆器。他以精湛的技艺和永不停步的精神,很好地继承、充实和发展了重庆漆器。重庆漆器具有3000年的悠久历史,以研磨彩绘为特点而独树一帜。其作品光润坚滑、色彩富丽、装饰纹样丰富、技艺精湛。詹蜀安大师对"研磨彩绘"的精髓理解至深,他的工艺一丝不苟,并严格采用中国土漆制作,作品风格独特、手法丰富、精美大气。他设计开发了不少精品,受到同行的高度赞赏,是高档的漆器观赏品和收藏品。

他设计制作的磨漆画《荷》,由远近错落的荷花和荷叶组成。采用螺钿、蛋壳镶嵌、撒螺粉、撒干漆粉、彩绘、研磨等多种工艺,经过数十道工序才完成。其花千姿百态,有盛有凋;其叶形象万千,有明有暗。整幅漆画把秋天的荷塘表现得淋漓尽致。该作品在《美术观察》杂志2009年第3期发表。

图5 《荷》 漆画 詹蜀安

他设计制作的另一幅漆画《乡缘·乡情——龚滩》,以大面积的蛋壳镶嵌表现道路和白色的窗户,疏密有致,明暗得当,十分自然。更奇特的是用多种薄木片粘贴镶嵌来表现木结构的房屋,采用磨显技术使"木板"若隐若现,明暗各异,俨然一条古老的龚滩老街活灵活现在眼前,真是匠心独具。可见其在继承重庆漆器传统过程中的开拓精神。

他的代表作品还有《初雪的巴西乡》《木妞》《俄巴达果》《樟林上空飘忽的白云》《正月》《青城秋至》《行路的赤黑俄日》《渔舟》《阿米子和羊》《川东民居》《贡嘎山雪峰》《山鬼》《冬至》《乡缘·乡情——偏岩》等等,精美高雅,各有特色,备受大家称赞。

詹蜀安具有开拓精神,他在漆器设计到制作方面的知识全面,技艺精良。2001—2010年他在北京、上海、武汉、兰州、南宁、重庆、沈阳、哈尔滨、成都等地绘制了不少大型漆壁画。如北京西直门"麻辣诱惑"酒店的《唐·荷花·仕女》大型漆壁画,看上去色彩鲜明,优雅大气。在重庆巴渝食府制作的《南来的风》大型壁画显得气势磅礴、美不胜收,他在全国各地承接业务的同时也声名远播。

詹蜀安的开拓精神还体现在他丰富的工作经历和卓越的工作业绩上。1973—1978年,他被重庆工艺美术工业公司派到重庆北碚石雕工艺厂去支持产品开发与企业发展工作,在他的努力下,工艺厂由几名民间艺人发展到百余人,开发的石砚、石雕产品批量出口,开发的根雕、徽章产品也很畅销。1979—1990年,他在南川发现了一种金丝木材料,并成功研发出"金丝木工艺品",十余年研究开发花色品种200余件,现已成为南川著名旅游产品,获得多项奖励。

詹蜀安在艺术领域是一位奇才。除漆器外,对石雕、木雕、根雕、金属工艺品等都有研究。特别是连环画方面成果颇丰。1980—2009年间,先后由天津、上海、河南、湖南、重庆、四川、辽宁等地出版社约稿,发表了大量连环画作品。如《中国古典名著100集》连环画中的《李寄斩蛇》《杨生狗》《桃花源》等就是他绘制的。还有《中国民间故事选》《阿里巴巴》等知名连环画都有詹蜀安参与完成的作品。

詹大师的漆器和各种工艺作品参加过各种展会并获得各类奖项。"金丝木工艺品"1989年获全国工艺美术展览奖;2006年获全国优秀工艺美术创作奖。漆画《樟林上空飘忽的白云》2009年获重庆市第二届工艺美术展金奖。

詹大师退休后,仍为工艺美术而耕耘,被成都艺术职业学院等多所高校聘为美术教师。十年来,承担素描、色彩、速写、线描、装饰基础、表现技法、漆画、壁画、木质工艺品等基础和技能性专业教学工作,并四次获得学院优秀教师奖。

詹大师在工艺美术行业耕耘半个世纪,誉满巴蜀内外。

图6 《饮马白水河》 漆画 詹蜀安

图7 《阵风》 漆画 詹蜀安

# 艺苑

《演古道今》 中国画 吴本新（重庆）

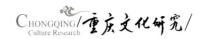

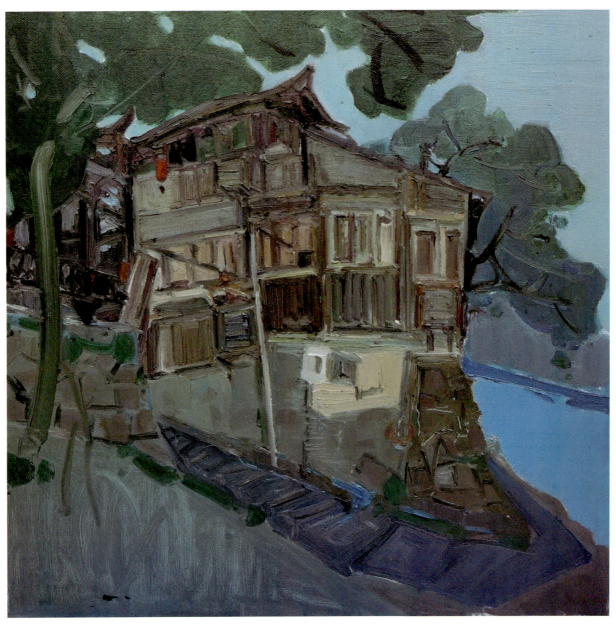

《古堰乡情一》 油画 李桦（浙江）

《日照渔村》 油画 李战辉（河南）

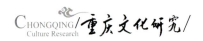

《千年古树之二》 油画 刘艳梅（浙江）

《寒冬》 水彩 许世虎（重庆）

《厚土No.32》 雕塑 孙闯(重庆)

《拼凑·远方的记忆》 雕塑 杨春生(广西)

《楼听古树之一》 油画 王维（浙江）

《桌椅中看世界》 油画 李亮（河北）

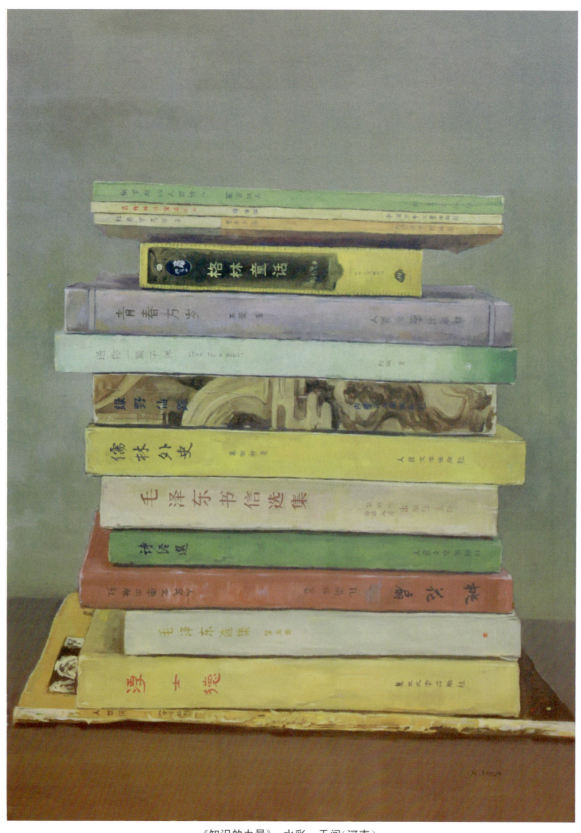

《知识的力量》 水彩 于闯（河南）

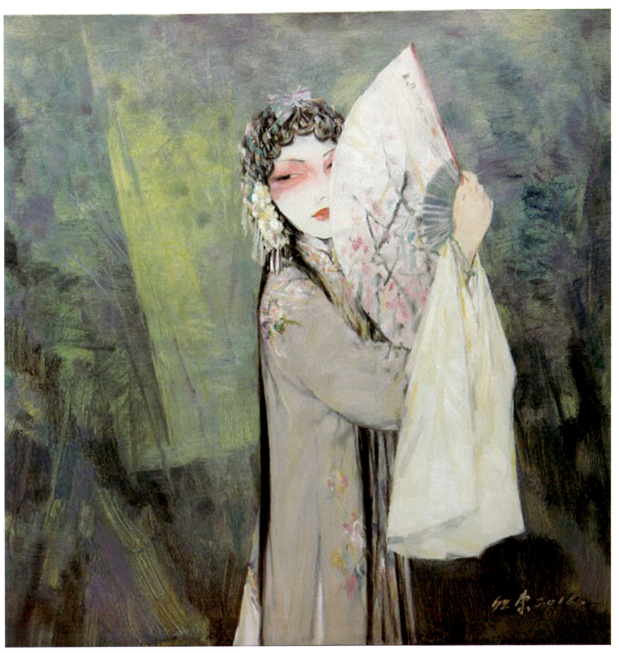

《桃花扇》 油画 张继东（浙江）

《谷音》 油画 巫大军（重庆）

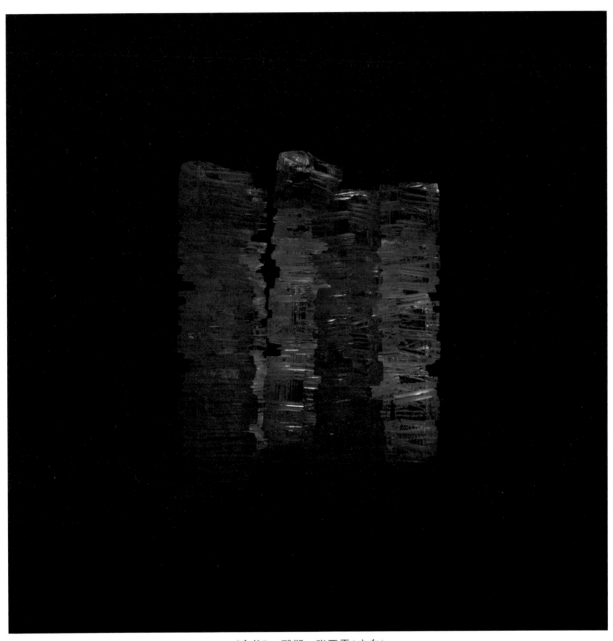

《合住》 雕塑 张亚平（广东）

《幻城》 综合材料 杨兴雅（辽宁）

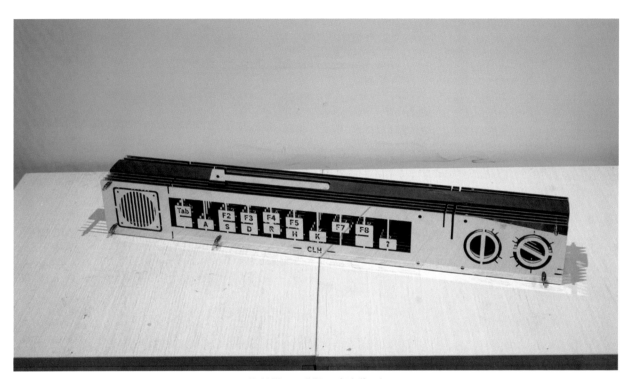

《旧物新样》 雕塑 陈浪华（广西）

《牡丹》 中国画 张珍容（重庆）

《青铜时代》 油画 汪文斌（浙江）

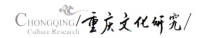

《山居》 中国画 何国胜（重庆）

《山亭幽翠图》 中国画 靳渝平（重庆）

《树丛中的农舍》 水彩 石联敏(重庆)

《一曲霓裳教初成》 油画 李根（上海）

《童年 油画 海阳（北京）

# 京剧艺术地方化的又一力作

## ——从重庆京剧《秦良玉》的排演说起

林永蔚

重庆市京剧团挖掘整理和改编演出的京剧剧目《秦良玉》，在 2019 年 11 月初演。为纪念尚派创始人尚小云先生 120 年诞辰，剧组又广泛征集了各方面的意见，于一年后的同日，再次公演了这出全国舞台艺术精品创作扶持工程中的重点剧目。

该剧主创者在这出京剧题材地方化的力作中，赋予了全新的时代意义，融入了更多的地方文化因子，力图使之更加贴近当今观众的审美需求，体现时代的发展和戏曲艺术的创新。《秦良玉》演出海报贴出后，很快就在市民中产生了轰动效应。演出当天，偌大一个国泰大戏院座无虚席，呈现出了重庆京剧演出许久未见的一票难求的盛况。

### 一、京剧艺术地方化的滥觞

京剧艺术的地方化包含表演风格和剧目题材两个方面。京剧表演风格与地方文化因子的有机结合是强化京剧生命力的必然，京剧题材地方化则是各地剧目创作中不可忽略的重要途径。

20 世纪中叶以来，地方化的京剧剧目乘势而起，接踵面世，京剧舞台渗入了异彩纷呈的地方元素后，让广大观众为之耳目一新。

寻根溯源，京剧艺术本身就是由徽汉昆曲、梆子秦腔、弋阳乱弹等多个剧种经过多年的融汇衍变而成。京剧形成后，逐步向全国各地传播，后来也传输到了南方各地。一种艺术流传到另一个地方，往往会受到当地地域和文化环境等方面的影响，从而发生某种变异。北来的京剧入乡随俗，逐渐形成了与京朝派有所不同的南派京剧。海派京剧可以看作从南派京剧发展而来的典型，它是融汇了上海一带的政治、经济、文化、生活习俗、民众心理及社会舆论等诸多方面的因素而形成的。当年以周信芳为代表的海派曾为京剧舞台增添了不少夺目的光彩，进而受到圈内人士的普遍认同。主流京剧和地方京剧两种表演风格相辅相成，促进了京剧的发展与广泛传播。

近些年来，由于种种客观原因，民族传统戏曲的社会影响力逐渐式微，京剧同许多地方剧种一

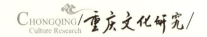

样,其受众面也呈现出逐渐萎缩的状态。多年来地方戏曲表演艺术团体生存区域固定化,许多地方的京剧团在当地扎根多年,经过长达半个多世纪的磨砺浸润,自然而然地接受了地方文化的滋养。地方文化艺术的某些元素渗透进了京剧舞台后,使一些地方院团的新编剧目不同程度地具有地域文化色彩,由此让京剧添芽生枝,出现了扩域分流的发展态势。

在地方院团的一些新创剧目中,传统京剧的某些固有元素被弱化,非传统的、地方化的艺术元素明显增加,这种艺术形态的异化是不难理解的,也是顺理成章的事情。

前些年,《完颜金娜》《草原母亲》《黛诺》《阿黑与阿诗玛》《苗岭风雷》《凤氏彝兰》《西域星光》《她从雪山走来》《多沙阿波》《佤山雾》《娜蒂秀》等众多剧目,就是各地方艺术家们向观众奉献出的一台台带有浓郁地域风情的京剧精品。这些不断探索京剧与地方文化相结合的成功之作,不仅让京剧艺术更加博大精深,而且也有利于京剧的普及和传播。

早在20世纪末,京剧界就曾出现"西部京剧""云南京剧"等等称谓。重庆市京剧团的著名小生朱福侠先生也被有些人称为"川派小生";该团沈福存先生的旦角表演艺术,也逐渐形成了大有川渝风味的"沈氏"特色。仔细看来,这些远离京畿的"京枝京蔓",几乎都是在服务地方观众的思想指导下,不断探索而形成自身特色。各地京剧人这种自强自立的敬业精神,促成了京剧丛林枝繁叶茂的繁荣景观。

## 二、京剧与巴渝文化的不解之缘

重庆是我国大西南著名的历史文化名城,也是巴渝文化的发祥地。在3000多年的悠久历史中,以重庆为中心的古巴渝地区这片土地之上,出现过巴渝文化、革命文化、三峡文化、移民文化、抗战文化等多层次、多领域、多形态的文化现象。巴渝文化为重庆京剧提供了丰富的创作素材,花团锦簇的重庆川剧也为重庆京剧的发展起到了积极作用,促进了重庆京剧在表演艺术上的突破。

自京剧厉家班20世纪30年代入渝以来,一直都十分重视京剧对地方文化元素的吸收。厉家班的老一辈艺术家为了适应本地观众的审美习惯,特别重视学习和借鉴川剧中的许多表演技巧。厉慧良曾在川剧泰斗张德成那里得到过许多的有益启示,厉慧森也和川剧名旦许倩云同台演出过川戏《秋江》;沈福存先生的爱妻许道美本就是资深川剧演员,沈福存在舞台上带有川剧表演的痕迹自然是在意料之中;著名戏曲表演艺术家沈铁梅女士,作为沈福存夫妇的女儿,能够"京川两下锅"必然也是顺理成章的事情。京剧"川派小生"朱福侠在执排大型京剧《白蛇传》时,开头就大胆引入了地方风味的巴歌渝舞。在此剧的《惊变》一场中他又借用了地方戏中单膀臂长水袖的特技。演出中,饰演白娘子的演员用一只"单臂水袖"拂出帘外,呈现出了"蛇在挣扎"的视觉效果,从而生动地表现了"白蛇"服用雄黄酒后,生理和心理上的双重痛苦。

除舞台表演技巧的融入外,厉家班还曾移植了《斩邑考》《治中山》《踏纱帽》《余塘关》《双八郎》《杨文广招亲》《假西天》《李逵绣花》《双青天》等很多川剧剧目,这无形中也在自己的京剧舞台上引入了地方元素。

20世纪50年代改制后,新成立的重庆市京剧团很快就组建了剧目创作小组,他们创作、改编、移植了《猎妇奸仇记》《夫人城》《四川白毛女》《嘉陵怒涛》《三进士》《潇湘夜雨》《夜明珠》等有着浓郁地方色彩的剧目。20世纪80年代后,重庆市京剧团又相继推出了衍绎本地题材的《涂山女姣》《巫山神女》《三峡红灯》《黄桷树下》《渝州盗》《山城曙光》《新的起点》《砥柱中流》《人与人不同》等剧作。进入新世纪后,该团致力于本地题材创作更加趋于常态化,他们把《神马赋》《大足》《江竹筠》《张露萍》《天路彩虹》《双枪慧娘》等剧目相继呈送给了巴渝大地上的广大观众。近日,经认真改编后的尚派名剧《秦良玉》,又以其翔实有趣的地方史实和醇厚朴素的地域风情,获得了近年来难得的、令人欣喜的京剧舞台表演艺术的丰硕社会效益。

重庆市多层次、多形态的历史文化资源为重庆的京剧创作提供了丰富的创作素材。立足本土文化,展现城市形象,是重庆市京剧团一直以来坚守的创作理念,也是重庆市京剧团立足地方,走向世界的不二法宝。剧团成立至今,在继承中发展,在传统上创新,较为完满地实现了艺术风格的延续。

### 三、地方题材舞台精品的打造

在"百年未有之大变局"下的当今社会,爱国主义在新时代中被注入了崭新的丰富内涵,京剧《秦良玉》的创作团队煞费苦心,以历史唯物主义文艺观为指导,用全新的视角来重塑秦良玉这个历史上的英雄人物,确实是值得点赞学习的前卫创作理念。

在中国传统文艺作品中,展现"女将风采"历来是创作的核心——北魏花木兰从军,隋唐黑白夫人战尉迟,北宋穆桂英挂帅西征,南宋梁红玉金山破敌,这众多巾帼英豪,丝毫不逊于须眉男儿,她们的英名在世代读者或观众中广为流传,备受青睐。不过,上面这些人物在正史上却难以觅其踪迹,其事迹或为虚构,或为真实人生基础上的艺术加工。只有在晚明时期干戈纷攘的年月里,才真真实实出了一个名叫秦良玉的铮铮女将。她在国家危亡之时身赴国难,大破杨应龙、辽东抗清军、平叛奢崇明、力敌张献忠,进军成都,收复重庆城,为国家战斗到了生命的最后一息。秦良玉的故事让国人心中保家卫国的热血为之沸腾。当年北京奥运会火炬手服装上飞舞的"火凤凰"图案,就是取材于重庆中国三峡博物馆馆藏的国家一级文物——明代御赐秦良玉金绣龙凤袍,由此可见巾帼英雄秦良玉在中华亿万爱国同胞心中的显赫地位。

秦良玉的英雄故事在清末民初、抗战期间以及新中国成立后,都曾以多种文艺形式在民间广泛传播。尚小云、叶盛兰(早年)、孙明珠等京剧表演艺术家也先后塑造过秦良玉的舞台形象,除此以外,川剧《秦良玉》及《割袍弃袖》也曾红极一时,脍炙人口。有鉴于此,重庆市京剧团启动了挖掘研究整理改编京剧失传剧目《秦良玉》的系统工程。

该剧编剧冯钢先生说,希望在他的笔下,让英雄的精神在历史发展中得以传承和弘扬,使该剧真正成为京剧舞台上具有浓郁"尚派"表演艺术特色的得以世代传承的保留剧目。导演沈斌也再三强调排演重点应是强化秦良玉身上闪现出来的爱国精神与报国情怀,并以邱乘云与杜维新等朝廷重臣以权谋私、贪腐误国的丑恶行径作为对立冲突,从中撷取对广大观众思想有益的启迪。

为打造精品,剧组多次召开专家座谈会,不厌其烦地对剧本做了5次大修改、多次小微调。该剧主创团队尊重明末清初的历史事实,希望通过对《秦良玉》尚小云演出本的挖掘整理,让改编后的剧本能较好地体现时代的发展和戏曲艺术的创新。

秦良玉是重庆石柱人,在其家乡相关党政部门的支持下,剧组主创人员先后两次赴石柱实地采风,在获取了第一手资料的同时,极大地启发了全剧演职员的创作灵感。编导者在排演过程中,有意渗入了许多巴渝地方民风俚俗,比如伴奏音乐和"桃花马上赴戎机"等唱段中,就明显地吸收了巴渝民歌《太阳出来喜洋洋》的音乐元素。这巴渝大地上耳熟能详、世代传唱的"啰儿调"旋律在剧院中响起,极具感染力地烘托出了重庆人火辣外向、乐观向上、豪爽奔放、吃苦耐劳的性格特征,由此很快就拉近了台上台下的情感距离。

京剧《秦良玉》2020版主线明晰,气韵畅达。全剧围绕秦良玉"平叛奢崇明"的故事展开,塑造出了充满感染力的艺术形象。

### 四、地方题材剧目中尚派艺术的绽放

《秦良玉》剧中女一号的饰演者周利女士,在舞台上完美地实现了编导者对该剧的全部艺术构想。她十分准确地把握住了秦良玉的内心情感,以娴熟深厚的尚派表演技巧,塑造出了舞台上巴渝女将秦良玉的飒爽英姿。

2004年,周利考入中国戏曲学院"第四届优秀青年演员研究生班"。在"青研班",周利跟尚小云之孙女尚慧敏学习了《银空山》《大登殿》,跟京剧尚派名家孙明珠学习了《梁红玉》《双阳公主》《打青龙》,从此与尚派结下了不解之缘。3年后,她成为重庆首位有研究生学历的青年京剧演员,并在上海和重庆举办了自己的专场演出。2009年12月6日,北京的众多知名艺术家和专程从上海飞来的尚长荣夫妇欢聚一堂,参加了周利"皈依尚门"的隆重拜师仪式,周利从此正式成为了孙明珠先生的入室弟子。

周利从艺以来,在国内各类比赛中多次荣获各类奖项。2014年,在第六届青年京剧电视大奖赛上,周利凭借扎实的基本功、出色的演艺,一路斩将夺关,从500余名参赛者中脱颖而出,以决赛总分98.26的成绩荣获金奖。

随后,重庆市京剧团为周利量身打造了现代京剧《张露萍》。该剧也是重庆地方题材的剧目,周利以其在剧中的出色表演,一举获得了第26届中国戏剧梅花大奖。

生活中的周利秀外慧中,是一个纯朴谦恭、上进心强、极有潜力的青年京剧演员。舞台上的周利扮相俊美,嗓音天赋极佳,文武兼备,基本功十分扎实。她在业师孙明珠先生的耳提面命下,通过自己的不懈努力,业已成为活跃在全国京剧舞台上的不可多得的尚派翘楚。

周利在接到饰演秦良玉的任务后，不仅查阅了大量文史资料，而且深入石柱民间，从当地的乡贤耆老口中搜集到了不少民间传说，由此将自己要塑造的女英雄的人物整体形象了然于胸，为舞台排演实践提供了有力的文史依托。

周利在该剧演出中行腔圆润，吐字清楚，上场前一句"刀剑闪耀旌旗展"的导板，和紧接着的"战马嘶腾铠甲鲜"的流水唱段，不仅酣畅淋漓地凸显了尚派唱腔清亮激越、跌宕缭绕的传统风格，而且瞬间就表现出了舞台人物的气质身份。在后面"此时间强按下怒火狂焰"的西皮，"云遮月月映关关隘险峻"的二黄，"催骏马四蹄腾风驰电掣"的高拨子等诸多精彩唱段中，周利发音上亢下坠，对比鲜明，注重气势，给人纵横捭阖、拔险攻坚的刚劲之美。在这场戏的唱功方面，周利恰到好处地掌握了板头的变化运用，灵活调控了唱腔的节奏尺寸，既展示了唱词的丰富内涵，又以斩钉截铁、错综有力的顿挫，使唱腔错落有致，在平易简约、坚实整齐中呈现出了舞台情节中的变化。

周利的尚派祖师尚小云先生在其近60年的舞台生涯中，每以文武兼擅驰名菊坛。尚派的舞台表演，做功身段，起落准确。周利严遵师训，酷似其师，她在《秦良玉》剧中的尚派表演特色和娴熟深厚的个人基本功，可以说是相得益彰。周利在武打场面中的各个片段节点，恰到好处地借鉴了传统戏中"探海勒马前趋步""空中旋转跳卧云"等优美身段，一招一式无不干净利落，美不胜收。周利的尚派表演艺术在"咚咚锵"的激烈节奏中，给观众带来了无比愉悦的审美体验。

"宝剑锋从磨砺出，梅花香自苦寒来"是所有成功者的座右铭。凡事都须不断磨砺，锲而不舍方能取得成功，戏曲演员更是讲究"夏练三伏，冬练数九"，正所谓"台上一分钟，台下十年功"。通过三十多年来的舞台历练，周利的尚派舞台表演艺术已渐入化境。

京剧《秦良玉》首演后好评如潮，不过该剧主创团队仍以严谨的工作态度，继续广泛征求意见，对初演本进行了大幅度的提炼加工。该剧主创团队这种精益求精、追求极致的精神是值得我们大加赞赏的。

重庆人演重庆戏，台上台下有灵犀。

家乡女杰舞台形象的成功塑造，赢来了广大观众的阵阵掌声，这台京剧题材地方化的又一力作让人赞叹不已。

# 廉政川剧《草鞋县令》观后

彭斯远

川剧历史题材众多,在我国戏剧界长久以来就有"唐三千,宋八百,演不完的三列国"之类的流行说法。改编这些历史题材为现实服务,有很高的社会价值,应予以积极的鼓励。

杨椽编剧、裴福林导演、陈智林主演的廉政川剧《草鞋县令》,是一出主题深刻、颇具匠心的现代新戏。它既不同于描写红军长征故事的现代新戏《金沙江畔》,不同于根据话剧改编的《金子》,也不同于表现革命志士出生入死勇于牺牲的《江姐》。《草鞋县令》无论在主题提炼、人物形象塑造方面,还是在戏剧表现风格方面,与上述新编川剧都是完全有区别的。

它的不同,就在于它提倡反腐,提倡廉政。借用历史题材的描写来达到反腐败和提倡廉政的艺术宗旨,是我们戏剧舞台不能推卸的政治责任。廉政川剧《草鞋县令》的上演,本身就是一次极其重要的反腐艺术实践,值得我们好好研究、总结,以期未来取得更大的成功。

《草鞋县令》的故事是这样的,清代嘉庆年间,四川洛水断流,颗粒无收,什邡官仓无粮度灾,于是造成饿殍遍野的惨状。为救什邡百姓,刚上任的县令纪大奎强令县丞,也即他的师弟杨承祖冒着招抚罪名而夜会朝廷缉犯吴中隆,并以五千山民落籍为条件,让对方提供二万担红白山茶换回救灾的大米,从而解救了全城百姓。

此剧虽无场次之分,却以"告状问责""献图定策""据茶卫陵""炸陵折箭""明堂拒贿""跑山悟道""宏图化民"等七个主干情节构成全剧故事。而上述主干情节的交代,又不乏闪光的片段。

如在"献图定策"的剧情演绎中,剧本为纪大奎设计的唱词,将老百姓,特别是巴山蜀水的四川乡亲们熟知的象棋术语与筹措灾粮和处理水患结合起来,既生动形象,又特别幽默风趣。像"筹灾粮,火烧眉毛马踩车,/治水患,百年大计相飞田。/上峰催文当头炮,/百姓要粮卒拱前"等句,就把纪大奎丰富的地方生活经历与多谋善断的个性特点展示得十分充分而又诙谐。

《草鞋县令》用一个人物唱词的设计,把该剧提倡廉政、提倡体恤民情的意图充分表现出来了。

此外,纪大奎对待仆人雍奴的态度,显现了他不摆主子架子而乐意听取下属意见的民主作风。

譬如,在"炸陵折箭"的剧情中,因李冰陵被炸,纪大奎处于不便向百姓交代的尴尬中,作为奴仆的雍奴语义双关地喊出"丑丑丑……"之类的乐音来。这丑,既是对川剧锣鼓声音的模仿,也暗含丑陋的意思,如此语义双关,是有嘲笑和规劝意味的。雍奴敢于嘲笑主人纪大奎,正好反衬了作为老百姓父母官的纪大奎对待自己的下属和仆人是颇民主的。

当然,纪大奎善于听取下属意见这一点,也充分表现在"跑山悟道"的情节叙写中。为了查探李冰陵,纪大奎必须深入了解下情,于是他与雍奴一同行进在通往高景关的崎岖山道上。用他的唱词来说,这儿"山高水长,危岩密林,弯弯拐拐多歧路,坡坡坎坎路不平"。所以,没走多久,纪大奎就累得上气不接下气了。

经雍奴多次反复劝说,纪大奎仍在艰苦劳累中继续前行。他脱掉官衣、丢掉官靴,以一个常人身份,完成了这次痛改昔日官场腐败习气的非同寻常的徒步调查研究。作为封建社会的一个县令,能够如此轻看自己的身份,是非常难能可贵的。

当然,为了更加凸显具有草鞋县令之称的廉政官员纪大奎的人物形象,对于他的言行,我觉得还可以适当加重设计分量。

草鞋县令纪大奎对他的师弟也即下属县丞杨承祖,未能严格管控。杨承祖是个颇有心计的地方官员,他对师兄纪大奎,表面上,不是竭力恭维就是肉麻地吹捧。他阳奉阴违的许多做法,纪大奎也有所察觉,对其管控却显得较为随意。

譬如,杨承祖视什邡五千山民为与封建统治者水火不容而剿不尽杀不绝的刁民盗贼,他欺压盘剥这些百姓甚至不把他们当人看待,这与纪大奎面对他们的啼饥号寒而竭力帮助筹粮的做法有着根本的不同。

可是,面对山民对杨承祖的揭露和控诉,纪大奎却只有几句无足轻重的反驳,而未采取有效的制裁手段。最后纪大奎被上司委以重任而将调离什邡,此时的他却并未察觉这是杨承祖为排斥异己而悄悄向上司谎报什邡政绩的结果。可以想见,一旦纪大奎离开什邡,接替他任县令的杨承祖就会立马对那五千山民进行残酷屠戮。

所以纪大奎对师弟杨承祖的宽容,必然为五千山民酿成杀身之祸的后患。我觉得,该剧本存在的此疏漏,是应及时改正的。

另外,关于山民首领吴中隆的形象塑造,也应有所加强。在"炸陵折箭"的情节叙写中,明明是杨承祖暗中用箭偷偷射中了山民首领吴中隆,但吴中隆仿佛根本没有中箭一样。剧作只是平静地叙写:他在临死前不慌不忙拔出箭杆,欲与县令纪大奎盟誓定要借道李冰陵直取野河滩。剧本对于吴中隆死前的视死如归行为用笔太略,而且极其平淡,未对一位山民英雄的牺牲精神予以浓墨重彩的描绘和赞美,这样激不起观众对于死者的崇敬和对于凶犯的愤恨。更不可理喻的是,戏剧情节对这杀人凶犯仍没有半点追究意向。剧本情节安排不但放过杀人罪犯,而且还让他以后真的做了什邡县令。

与《草鞋县令》同样具有廉政特色的另一些川剧,如许多已经锤炼成川剧折子戏的包公题材作品,刻画了包公大公无私,执法如山,国法大于人情的刚毅和果敢,如《包公铡侄》《铡国舅》《打銮驾》

等戏,在主题内涵的提炼、艺术表现形式等方面很值得《草鞋县令》学习借鉴。

另外,川戏中的喜剧《乔老爷奇遇》,我认为,也是一出借历史题材为现实服务的优秀廉政剧目。我觉得《草鞋县令》也可以从中吸取和借鉴一些表现手法。

如该剧主角乔溪,由脸上涂抹一团粉白色块的丑角担任,表面是在讥笑他的书呆子气,讥笑他处处被生活捉弄,实际却是在讥笑他的对立面——那并非丑角扮演的天官之子蓝木斯。他强抢民女不但未达到目的,反而让自己的漂亮妹子爱上了那爱主持公道、爱打抱不平的贫穷书生乔老爷。如此想而不得和不想而得的生活错位,真是笑死人了。这位凭借父亲的高官地位而为非作歹的"高衙内"似的人物,才是该剧讥讽嘲笑以及鞭笞的对象。喜剧《乔老爷奇遇》恰恰就因嘲笑以及鞭笞了蓝木斯,从而表现了廉政的内容。以上这些艺术表现,我认为对《草鞋县令》的表演和艺术打磨,都是具有一定借鉴价值的。

**地址**:重庆市渝中区枇杷山正街93号

**邮编**:400013

**编辑部电话**:(023)63880156    63880157

**电子邮箱**:cqwhysyj@126.com

**微信公众号**:cqwhysyjjy

**网站**:www.cqwhysyj.cn

**重庆文化艺术研究QQ群号**:294222082